PROCLAMATION DU ROI,

ET

RECUEIL DE PIÈCES

SUR

LES ÉVÈNEMENS

DU VINGT JUIN 1792.

A

PROCLAMATION DU ROI,

ET

RECUEIL DE PIÈCES

RELATIVES À L'ARRÊTÉ

DU CONSEIL DU DÉPARTEMENT,

Du 6 Juin 1792,

Concernant le MAIRE & le PROCUREUR de la Commune de PARIS.

A PARIS,

DE L'IMPRIMERIE ROYALE.

M. DCC. XCII.

EXTRAIT
DES REGISTRES
DU CONSEIL DU DÉPARTEMENT.

Procès-verbal de la séance du Conseil, du vendredi 6 Juillet 1792.

LA séance a été ouverte par la lecture du procès-verbal de la séance précédente, dont la rédaction a été approuvée.

Le Conseil étoit composé de MM. Larochefoucauld, Anson, Dormesson, Vergennes, Dailly, Fauconpret, Gounion, Gerdret, Gobel, Thouin, Desfaucherets, Charton, Trudon, Davous, Dumont, Andèle, Thion, Amoule, Garnier, Demautort, Leviellard, Jussieu, Demeunier, Briere de Surgy.

L'un des commissaires nommés pour faire le rapport des évènemens du 20 juin, a lu le rapport qu'ils avoient fait, & un projet d'arrêté qui étoit à la suite ; le conseil a ordonné la transcription du rapport sur ses registres, à la suite du procès-verbal de la présente séance.

Après la lecture du rapport, M. le procureur-général-syndic a requis que, conformément à l'ajournement prononcé par le conseil, dans sa séance du 29 juin, sur la question de sa compétence, le conseil décidât si, aux termes de l'article XVIII de la loi du 27 mars 1791, il pouvoit statuer sur le rapport des commissaires nommés dans sa séance du 24; & attendu que la solution de cette question lui paroît dépendre, aux termes de l'article XVIII de la loi du 27 mars, de cette autre question de fait, *si la tranquillité publique n'est plus troublée*, ce qui ne peut être constaté que par les notions de chacun de MM. les administrateurs du conseil, il s'en est rapporté à sa prudence sur cette question.

Le conseil délibérant sur la réquisition du procureur-général-syndic, & considérant qu'étant extraordinairement rassemblé, aux termes de cette loi, relativement aux troubles du 20 juin, pour s'occuper des moyens de rétablir l'ordre, il ne peut se séparer sans avoir rempli l'objet de sa réunion, & le but de sa session actuelle; qu'ainsi il ne peut la terminer qu'après avoir, sur le rapport des commissaires qu'il avoit nommés à cet effet, décidé quels moyens lui semblent les plus propres à le rétablir; que parmi les objets dont il doit s'occuper pour y parvenir, la conduite tenue par les fonctionnaires publics chargés de la police dans la journée du 20 juin, est ce qui doit principalement fixer toute son attention, puisqu'il ne peut exister de causes plus graves de désordres dans une commune, ni des motifs plus forts d'inquiétude publique, que la maintenue en fonctions de magistrats qui seroient manifestement prévaricateurs; a arrêté qu'il pouvoit & devoit statuer sur le rapport de ses commissaires.

Avant de commencer la discussion du rapport, M. le procureur-général-syndic avoit demandé la lecture de diverses pièces remises aux commissaires, & spécialement des déclarations reçues de plusieurs particuliers par M. Fayel, juge de paix de la section du roi de Sicile, & de l'extrait donné par M. Menjaud, juge de paix de la section des Tuileries, des déclarations relatives aux évènemens du 20 juin, qu'il avoit reçues. Cette lecture a été faite.

M. le procureur-général-syndic a commencé ensuite la lecture d'un rapport sur ces évènemens.

Après la lecture de la première partie de ce rapport, il a été proposé de suspendre la séance jusqu'à sept heures du soir. Cette proposition a été acceptée, & la séance suspendue à trois heures de l'après-midi jusqu'à sept heures du soir.

La séance a été reprise à sept heures du soir, le conseil étant composé de MM. Larochefoucauld, Anson, Dormesson, Vergennes, Dailly, Fauconpret, Gounion, Gerdret, Gobel, Thouin, Desfaucherets, Charton, Trudon, Davous, Dumont, Andèle, Thion, Arnoult, Garnier, Demautort, Leviellard, Jussieu, Demeunier & Barré.

M. le procureur-général-syndic a continué la lecture de son rapport, dont la transcription sur ses registres a aussi été ordonnée par le conseil. Il requéroit que le conseil déclarât qu'il n'y a lieu à suspendre le maire ni les administrateurs de police, ni le procureur de la commune de la municipalité de Paris; & que cependant les déclarations reçues par le juge de paix de la section des Tuileries, & celui de la section du roi de Sicile, seront communiquées à M. le maire de

Paris & à M. Mouchet, officier municipal, pour être fourni, tant par M. le maire que par M. Mouchet, telles obſervations qu'ils jugeront convenables ; & leſdites obſervations rapportées au conſeil, ſi les circonſtances exigent qu'il reſte aſſemblé, ſinon au directoire.

Il a été fait enſuite une ſeconde lecture du projet d'arrêté préſenté par les commiſſaires.

La diſcuſſion a été ouverte, tant ſur les concluſions de M. le procureur-général-ſyndic, que ſur le projet d'arrêté propoſé par les commiſſaires. Pluſieurs membres ont parlé pour & contre le projet ; & après une diſcuſſion de pluſieurs heures, le conſeil a d'abord arrêté qu'il n'y avoit lieu à s'arrêter aux concluſions du procureur-général-ſyndic. Les voix ayant été enſuite recueillies par appel nominal ſur l'arrêté, ſauf la rédaction, le conſeil a adopté à onze heures du ſoir les diſpoſitions du projet préſenté par les commiſſaires.

La rédaction du préambule de l'arrêté a été enſuite ſoumiſe à la réviſion, & définitivement adoptée ſur les trois heures du matin, ainſi qu'il ſuit :

(Ici eſt l'arrêté imprimé.)

Il a été propoſé de faire imprimer & afficher cet arrêté. Sur cette propoſition, le conſeil s'eſt borné à en ordonner l'impreſſion.

Signé LA ROCHEFOUCAULD, Préſident. BLONDEL, Secrétaire.

Pour copie conforme à l'original.

Signé BLONDEL.

PROCLAMATION DU ROI,

Concernant l'Arrêté du Conseil du Département, du 6 Juillet, qui suspend provisoirement le Maire & le Procureur de la Commune de Paris.

Du 11 Juillet 1792, l'an 4.e de la Liberté.

VU par le Roi l'Arrêté du Conseil du Département, sur les évènemens du 20 juin 1792, en date du 6 juillet présent mois, dont la teneur suit :

LE Conseil du Département extraordinairement assemblé, relativement aux évènemens du 20 juin dernier, & pour s'occuper des moyens de rétablir l'ordre, s'est fait représenter toutes les pièces de la correspondance tenue dans cette circonstance, entre le directoire du département & la municipalité de Paris, ainsi que les différens rapports & procès-verbaux qui ont été adressés au directoire, & tous les renseignemens y relatifs.

Il a reconnu par l'examen de toutes ces pièces,

Que sur la demande faite au conseil général de la commune, le 16 juin, d'autoriser les citoyens des faubourgs Saint-Antoine & Saint-Marcel, à se réunir en armes le mercredi 20, pour aller présenter à l'Assemblée Nationale & au Roi *des pétitions relatives aux circonstances*, le conseil général de la commune a passé à l'ordre du jour, motivé sur ce que la loi proscrit tout raſſemblement armé, s'il ne fait partie de la force publique légalement requiſe; & qu'il a ordonné que ſon arrêté ſeroit envoyé au directoire du département, & au département de police, & communiqué au corps municipal.

Que le maire de Paris avoit été inſtruit, au moins dès cette époque, que Paris étoit menacé d'un raſſemblement armé pour la journée du 20, puiſque les particuliers ſe diſant citoyens des fauxbourgs Saint-Antoine & Saint-Marcel, dont la demande étoit rejetée par le conſeil général de la commune, avoient déclaré hautement que nonobſtant ce refus, on ne laiſſeroit pas de ſe raſſembler en armes.

Que le maire de Paris n'a donné au directoire du département aucune connoiſſance du raſſemblement qui ſe projetoit, & ne lui a adreſſé que par ſa lettre du 18, l'arrêté pris par le conſeil général de la commune le 16.

Que le corps municipal s'étant aſſemblé le 18, le maire de Paris ne lui a donné non plus aucune connoiſſance du projet de raſſemblement, ni même communiqué l'arrêté du conſeil général de la commune.

Que le 19, le directoire a pris un arrêté, portant « que » le maire, la municipalité & le commandant général ſeroient » prévenus de prendre ſans délai toutes les meſures qui étoient à » leur diſpoſition, pour empêcher tous raſſemblemens qui pourroient bleſſer la loi, & de faire toutes les diſpoſitions de » force publique néceſſaires pour contenir & réprimer les » perturbateurs du repos public ».

Que cet arrêté a été pris ſur les trois heures après midi, en préſence du maire & d'officiers municipaux, adminiſtrateurs de la police, que le directoire avoit appelés dès le matin, pour concerter les moyens de prévenir le raſſemblement ou de l'arrêter dès ſon origine.

Que le maire de Paris, inſtruit dès-lors de la réſolution du directoire, n'a point donné au commandant général les ordres néceſſaires d'après cette réſolution.

Qu'à minuit, le maire de Paris & les adminiſtrateurs de la police ont adreſſé au directoire une lettre par laquelle, au lieu d'exécuter la loi & de ſe conformer à l'arrêté du directoire, ils propoſoient de légaliſer l'attroupement en autoriſant des bataillons à marcher, & à réunir ſous leurs drapeaux & ſous le commandement de leurs chefs, les citoyens armés de toutes armes.

Que cette meſure étoit à la fois illégale, injurieuſe à la garde nationale, & dangereuſe:

Illégale, en ce qu'on ne peut admettre ſous les drapeaux de la garde nationale, que des citoyens inſcrits pour le ſervice, ayant les qualités preſcrites par la loi;

Injurieuſe à la garde nationale, en ce qu'elle tendoit à réunir ſous ſes drapeaux & à faire fraterniſer avec les ſoldats de la loi, des hommes pour la plupart inconnus & ſans aveu, déjà tous en état de rebellion ouverte, puiſqu'ils s'armoient non-ſeulement ſans réquiſition, mais même au mépris des défenſes des magiſtrats; & parmi leſquels, ainſi que l'évènement l'a démontré, il exiſtoit des brigands & des aſſaſſins;

Dangereuſe, ſous un double rapport:

1.° En ce qu'un attroupement d'hommes ſans ſubordination & ſans diſcipline, armés de fourches, de piques, de bâtons ferrés, &c. & mêlé de femmes & d'enfans, ne pouvoit que porter le déſordre dans les rangs de la garde nationale, & mettre la force publique hors d'état de ſe mouvoir & de faire les évolutions qui lui auroient été commandées.

2.° En ce que ſi l'attroupement dont la rebellion étoit conſtante, tentoit dans ſa marche, de ſe porter à des excès, le mélange de la garde nationale parmi cette troupe séditieuse, rendoit inactive toute force réprimante qu'on eût été obligé de faire marcher contre elle, puisque c'eût été opposer les gardes nationales les unes aux autres.

Que le directoire réuni aussi-tôt pour statuer sur cette proposition, l'a repoussée en déclarant qu'*il ne pouvoit composer avec la loi ;* & que le maire de Paris ayant insisté par une nouvelle lettre, il lui a été répondu à cinq heures du matin, que *le directoire persistoit dans sa résolution.*

Que cependant le maire de Paris n'a encore ordonné aucune des dispositions de force publique nécessaires pour l'exécution de la loi, & qu'au lieu de s'occuper des moyens de dissiper l'attroupement qui se formoit, il lui a laissé tous le temps de se grossir.

Que le maire de Paris ayant rassemblé le corps municipal sur les neuf heures, la proposition faite au directoire dans la nuit, & par lui rejetée, y a été renouvelée & adoptée sans opposition de la part du maire.

Que par son arrêté, le corps municipal a *chargé le chef de légion, commandant général de la garde nationale, de donner à l'instant l'ordre de rassembler sous les drapeaux, les citoyens de tous uniformes & de toutes armes, lesquels marcheroient ainsi réunis sous le commandement des officiers de bataillon ;* & qu'à onze heures & demie, le commandant général qu'on avoit retenu jusqu'alors à la maison commune, a reçu cet arrêté comme ordre à exécuter.

Que non-seulement cette mesure étoit contraire à la loi & à l'arrêté du directoire, mais encore qu'elle étoit inexécutable en ce moment, puisque d'un côté la garde nationale n'étoit pas encore commandée, & que de l'autre l'attroupement étoit déjà formé & en marche.

Que le maire de Paris ne s'est nullement occupé depuis,

des dangers auxquels l'attroupement séditieux, & armé au mépris de la loi, exposoit la capitale.

Qu'il a si peu connu le véritable état de l'attroupement, que, suivant son rapport imprimé & distribué, on venoit lui annoncer à la maison commune où il est resté jusqu'à deux heures & demie, *que le spectacle étoit beau, que les propriétés étoient respectées;* qu'en conséquence il se rendit à la mairie *plein de calme & de sécurité:* & cependant à ce moment les portes du jardin des Tuileries étoient déjà forcées.

Que le maire de Paris n'a paru au château des Tuileries que plus de deux heures après le moment où la porte royale a été forcée, & où l'attroupement s'est répandu dans les cours & dans les appartemens.

Que le procureur de la commune, présent à la séance tenue par le corps municipal le 18, a de même que le maire, gardé le silence sur l'arrêté pris par le conseil général de la commune le 16, & n'a rien requis pour remplir les vues de cet arrêté.

Que présent également à la séance du corps municipal, tenue le 20, il n'a pas requis l'exécution de l'arrêté pris par le directoire, la veille, dont on s'est contenté dans cette séance d'ordonner le dépôt au secrétariat, & qu'au contraire il a appuyé par ses conclusions la proposition faite & adoptée par l'arrêté.

Que le procureur de la commune ne s'est pas porté, comme il devoit le faire, au lieu de l'attroupement & au château des Tuileries; que seulement il a passé une heure sur le soir dans le jardin des Tuileries, comme particulier & sans écharpe.

Que d'autres officiers municipaux sont accusés d'avoir changé ou levé la consigne du poste qui défendoit l'entrée du Carousel par le guichet neuf, & d'avoir ainsi facilité l'invasion de l'attroupement dans la place du Carousel; d'où il a forcé l'entrée du château; mais que ces faits sont déniés ou contredits par leurs rapports.

Que M. Santerre, commandant du bataillon des Enfans-trouvés, a marché dans l'attroupement à la tête de son bataillon, sans réquisition légale ; qu'il est accusé d'avoir fomenté & encouragé cet attroupement, & que d'autres faits très graves lui sont imputés ; qu'il est constaté que ceux des autres commandans qui ont marché dans l'attroupement avec une partie de leurs bataillons, ne l'ont fait que par contrainte & pour éviter des malheurs.

Enfin, que le lieutenant des canonniers du bataillon du Val-de-grâce, après avoir résisté aux ordres de son commandant & s'être séparé de son bataillon, a fait braquer ses canons sur la porte royale, s'est précipité dans la cour aussitôt que la porte a été ouverte, & a fait traîner un de ses canons jusques dans la troisième pièce de l'appartement du Roi, au premier étage.

Vu l'article IX de la loi du 27 mars 1791, concernant l'organisation des corps administratifs, qui porte : « qu'aucun » directoire de district, *aucune municipalité* ne pourront, sous » peine de suspension, publier, faire afficher, ou persister à faire » exécuter un arrêté contraire à celui du département ou du » district, ou manquant à la subordination prescrite par la loi à » l'égard de l'administration supérieure » ;

Vu l'instruction sanctionnée du mois d'août 1790, concernant aussi les corps administratifs, laquelle autorise la suspension des officiers municipaux *dont l'activité ne pourroit être maintenue sans danger* ;

L'art. XXVIII de la loi du 3 août 1791, relative à l'exercice de la force publique contre les attroupemens, qui désigne *le procureur de la commune* comme celui des officiers civils ou municipaux tenu le premier de se présenter au lieu de l'attroupement ;

La loi du 2 novembre 1791, relative au service de la force publique à Paris, qui en cas de service extraordinaire, charge le chef de la municipalité de donner au chef de légion commandant la garde nationale, les ordres *que les circonſtances exigeront*, & qui autoriſe même le chef de la municipalité, lorſqu'il y aura lieu d'employer inſtamment la force publique, à requérir immédiatement des commandans des troupes de ligne ou de la gendarmerie nationale, le concours des troupes à leurs ordres ;

Conſidérant que le maire & le procureur de la commune ſont contrevenus à ces loix ; qu'ils ſont dans le cas prévu par l'article IX de la loi du 27 mars 1791, & par l'inſtruction ſanctionnée du mois d'août 1790 ;

Vu auſſi les articles généraux, faiſant ſuite à la loi du 14 octobre 1791, relative à l'organiſation de la garde nationale, qui rendent les chefs & officiers de légion, commandans de bataillon, capitaines & officiers de compagnies, *reſponſables à la Nation de l'abus qu'ils pourront faire de la force publique*, & qui chargent les adminiſtrations & directoires de département, de donner connoiſſance au corps légiſlatif de tous les faits de contravention qui ſeroient de nature à compromettre la ſûreté ou la tranquillité des citoyens :

D'après ces conſidérations, LE CONSEIL délibérant ſur le tout,

Le procureur-général-ſyndic entendu,

Arrête ce qui ſuit :

Le maire de Paris, & le procureur de la commune, ſont ſuſpendus proviſoirement de leurs fonctions.

Le conſeil général de la commune, en conſéquence de l'article XXXII du titre I.er du code municipal de la ville de Paris, nommera un officier municipal pour exercer par *interim* les fonctions du maire ; & à cet effet il ſera convoqué à l'inſtant par le premier ſubſtitut du procureur de la commune, lequel remplira par *interim*, conformément à l'article XLIII du titre I.er du code municipal, les fonctions de procureur de la commune,

Le conſeil renvoie aux tribunaux le maire de Paris, le procureur de la commune & ceux des officiers municipaux qui pourroient être prévenus d'avoir changé ou levé des conſignes aux différens poſtes des Tuileries; à l'effet de quoi les procès-verbaux & autres pièces qui les concernent, ſeront remis au juge de paix de la ſection des Tuileries.

Arrête que le procureur-général-ſyndic dénoncera les faits à la charge de M. Santerre, commandant de bataillon, & du lieutenant des canonniers du bataillon du Val-de-grâce, & remettra auſſi les pièces qui les concernent.

Recommande expreſſément à la municipalité de prévenir & diſſiper par tous les moyens de la loi, tous attroupemens ſéditieux.

Le conſeil, en exécution de la loi du 14 octobre dernier, relative à l'organiſation de la garde nationale, dénonce au corps légiſlatif les faits de contravention à cette loi, leſquels conſiſtent:

1.° Dans l'admiſſion ſous les drapeaux de la garde nationale, de perſonnes non inſcrites & ſans aucune vérification préalable de leurs qualités, même de celle de citoyen François.

2.° Dans la marche de différentes portions de la force publique ſans réquiſition légale.

3.° Dans l'abus des armes nationales, qui ont été dirigées & employées contre la ſûreté du domicile du Roi.

Arrête en outre que le préſent arrêté ſera adreſſé ſans délai au miniſtre de l'intérieur, pour être préſenté au Roi & tranſmis au Corps légiſlatif;

Qu'il ſera également ſans délai notifié au corps municipal & au conſeil général de la commune de Paris, ainſi qu'au chef de légion, commandant général de la garde nationale Pariſienne.

FAIT en Conſeil de Département, le ſix juillet mil ſept cent quatre-vingt-douze, l'an quatrième de la liberté.

Signé LA ROCHEFOUCAULD, *Préſident;*

BLONDEL, *ſecrétaire.*

Vu pareillement la loi du 27 mars 1791, concernant l'organisation des corps administratifs, qui porte, article IX, » qu'aucun directoire de district, aucune municipalité ne » pourront, *sous peine de suspension*, publier, faire afficher, » *ou persister à faire exécuter un arrêté contraire à celui du* » *département ou district*, ou manquant à la subordination » prescrite par la loi à l'égard de l'administration supé- « rieure :

Vu l'instruction sanctionnée du mois d'août 1790, qui autorise la suspension des officiers municipaux, *dont l'activité ne pourroit être maintenue sans danger :*

Vu de plus l'arrêté du conseil général de la commune de Paris, du samedi 16 juin, qui, « sur la demande de plusieurs » citoyens de la section des Quinze-vingts & des Gobelins, » tendant à autoriser les citoyens des fauxbourgs Saint-Antoine » & Saint-Marcel, à se revêtir des habits qu'ils portoient en » 1789, & de leurs armes, le mercredi suivant, jour auquel » ils se proposoient de présenter *à l'Assemblée Nationale &* » *au Roi des pétitions relatives aux circonstances*, & de » planter l'arbre de la liberté sur la terrasse des Feuillans, en » mémoire de la séance du jeu de paume ; le procureur de » la commune entendu, a passé à l'ordre du jour, motivé » sur ce que la loi proscrit tout rassemblement armé, s'il ne » fait partie de la force publique légalement requise, & a » ordonné que cet arrêté seroit envoyé au directoire du » département & au département de police, *& qu'il en seroit* » *donné communication au corps municipal :*

Vu aussi l'arrêté du directoire du département du 19 juin, *pris en présence du maire & après l'avoir entendu*,

« portant qu'instruit par des rapports multipliés, qu'il y a
» lieu de craindre que des malveillans ne veuillent former
» des rassemblemens armés sous prétexte de présenter des
» pétitions ; considérant que la loi interdit les réunions des
» citoyens armés sans réquisition préalable ; *que le code*
» *municipal de Paris,* par une disposition rappelée dans
» l'arrêté de la municipalité du 11 février dernier, *en*
» *permettant aux citoyens de se rassembler sans armes,* pour
» rédiger des adresses & des pétitions, y met la condition
» expresse de ne pouvoir députer que vingt citoyens pour
» les présenter ; qu'un rassemblement illégal & propre à
» troubler la tranquillité publique, *après le refus motivé*
» *du conseil général d'y acquiescer,* seroit un outrage au
» pouvoir municipal & une pétition armée, une offense
» à la majesté des représentans du peuple, *ordonne* que le
» maire, la municipalité & le commandant général seroient
» prévenus de prendre sans délai, toutes les mesures qui
» sont à leur disposition, *pour empêcher tous rassemblemens*
» *qui pourroient blesser la loi,* & de faire toutes les dispositions de force publique nécessaires pour contenir &
» réprimer les perturbateurs du repos public » :

Vu encore la lettre adressée le même jour, à minuit, par le maire de Paris & les administrateurs de la police, au directoire du département, par laquelle ils proposent « de
» rendre légal l'attroupement, en autorisant des bataillons à
» marcher & à réunir sous leurs drapeaux & sous le commandement de leurs chefs, les citoyens armés de toutes
» armes ;

Ensemble la réponse du directoire, « qui déclare qu'il

» ne peut *composer* avec la loi *qu'il a fait serment d'exécuter;*

Une seconde lettre du maire de Paris, qui insiste sur le même objet;

Un *post-scriptum* à la suite de la lettre du département, en date du 20 juin, cinq heures du matin « par lequel le » département *persiste dans sa résolution* » :

Vu aussi l'arrêté du corps municipal, dudit jour 20 juin, qui, « *sur l'exposé fait par le maire*, que les citoyens se » réunissoient en armes dans le faubourg Saint-Antoine, & » qu'ils se disposoient à se transporter de suite à l'Assemblée » Nationale & chez le Roi, *le procureur de la commune entendu*, » charge le chef de légion, commandant général de la » garde nationale, de donner à l'instant l'ordre de rassembler » sous les drapeaux, les citoyens de tous uniformes & de » toutes armes, lesquels marcheroient ainsi réunis sous le » commandement des officiers de bataillon. »

Vu enfin le compte rendu par le maire de Paris, au conseil général de la commune, dans la séance du 23 juin, imprimé par ordre du conseil général, & dans lequel le maire convient, page 2, « que l'arrêté du directoire, du 19 juin, » a été rédigé en sa présence, & d'après ses observations, » par le procureur-général-syndic.

Ouï le rapport, le Roi profondément convaincu qu'impassible comme la loi dont il est le premier organe, & à la sévère exécution de laquelle l'Assemblée Nationale l'a rappelé en refusant de prononcer immédiatement sur cette affaire, ainsi que le Roi le lui avoit proposé par sa lettre du 7 juillet, Sa Majesté ne peut plus ouvrir son cœur à aucun sentiment personnel ;

Sans s'arrêter aux ſuites que pouvoit avoir pour la sûreté de ſa perſonne, la déſobéiſſance aux arrêtés du directoire du departement ; n'enviſageant que l'infraction à la loi, l'autorité légitime méconnue, la violation à main armée de la demeure d'un des pouvoirs conſtitués, la majeſté du Roi conſtitutionnel outragée, & ſur-tout les dangers auxquels le peuple ſe trouvoit expoſé par un raſſemblement armé qu'il étoit ſi facile de prévenir ; fixant ſpécialement ſon attention ſur la diſpoſition de l'arrêté du département, relative à la ſuſpenſion proviſoire du maire & du procureur de la commune, laquelle, aux termes de la Conſtitution, eſt ſoumiſe à l'examen & à la confirmation du Roi ;

Conſidérant, 1.° que l'exécution rigoureuſe de la loi ramènera ſeule dans tout l'empire le bon ordre & la paix ;

2.° Que les dépoſitaires de l'autorité doivent être les premiers à donner l'exemple de l'obéiſſance ou de la ſubordination aux autorités ſupérieures, pour être en droit de l'exiger eux-mêmes ;

3.° Que les loix défendent tout raſſemblement armé, s'il ne fait partie de la force publique légalement requiſe ;

4.° Qu'à l'époque du 19 juin, les précautions indiquées par le département, ſuffiſoient pour prévenir les raſſemblemens armés, prohibés par la loi.

5.° Que lié, tant par les arrêtés qu'il avoit rendus & notifiés au maire de Paris, que par ſes différentes réponſes, ainſi que par la diſpoſition de l'article IX de la loi du 27 mars 1791, « qui porte la peine de ſuſpenſion contre les » officiers municipaux *qui perſiſteroient à faire exécuter des » arrêtés contraires aux arrêtés du département*, » & enfin par l'inſtruction ſanctionnée, du mois d'août 1790, *qui autoriſe à ſuſpendre ceux de ces officiers dont l'activité ne pourroit être maintenue ſans danger,* le département ne pouvoit, ſans prévariquer, compoſer avec la loi dont il étoit dépoſitaire;

6.° Que le maire de Paris & le procureur de la commune ſont contrevenus à la loi du 27 mars 1791, en provoquant, concourant à rendre, ou faiſant exécuter un arrêté du corps municipal, entièrement contraire à un arrêté du directoire de département ; qu'ils ont manqué à leur devoir, *en ne donnant point connoiſſance au corps municipal, ainſi que le conſeil général de la commune l'avoit ordonné, de ſon arrêté du 16 juin, portant que,* « ſur la » demande d'une autoriſation à une pétition armée, il » paſſoit à l'ordre du jour, motivé ſur ce que la loi proſ- » crit tout raſſemblement armé, s'il ne fait pas partie de » la force publique légalement requiſe ; » *en ne requérant point l'exécution de l'arrêté du directoire du département, en date du 19 juin,* dont on ſe borne à ordonner la tranſ-cription & le dépôt au ſecrétariat, & en faiſant exécuter celui du corps municipal, formellement contraire aux arrêtés du directoire du département & du conſeil général;

Conſidérant enfin que le Chef ſuprême de l'Adminiſtration eſt ſtrictement obligé de maintenir la ſubordination des pouvoirs conſtitués, & d'aſſurer l'obſervation des loix dont il a juré l'exécution :

Le Roi, conformément à l'article IX de la loi du 27 mars 1791, à l'inſtruction ſanctionnée, du mois d'août 1790, & en conſéquence de l'article VI de la ſection 2.e du chapitre IV de l'acte conſtitutionnel, qui porte : « Que

» dans le cas d'une désobéissance des sous-administrateurs,
» ou si ces derniers compromettent par leurs actes la
» sûreté & la tranquillité publique, les départemens pour-
» ront les suspendre de leurs fonctions, *à la charge d'en*
» *instruire le Roi*, qui pourra lever ou confirmer la sus-
» pension » ;

A confirmé & confirme l'arrêté du conseil du département de Paris, du 6 juillet présent mois ; ordonne que cet arrêté sera exécuté suivant sa forme & teneur, & qu'expédition en sera envoyée sans délai au directoire du département, pour qu'il veille à son exécution.

Ordonne qu'en exécution de l'article VIII de la même section de l'acte constitutionnel, le Corps législatif sera instruit dans la journée de demain de la présente confirmation.

FAIT au Conseil d'État tenu à Paris, le onze juillet mil sept cent quatre-vingt-douze, l'an quatrième de la liberté. *Signé* LOUIS. *Et plus bas*, DE JOLY.

A PARIS, DE L'IMPRIMERIE ROYALE. 1792.

RAPPORT & conclusions du Procureur-général-Syndic du Département de Paris, relativement aux événemens du 20 Juin; lu au Conseil du Département le 6 Juillet 1792.

MESSIEURS,

Vous avez à examiner la conduite des Officiers municipaux, relativement aux événemens du 20 juin dernier; qu'ont-ils dû faire? qu'ont-ils fait pour empêcher ces événemens? Les loix de la police administrative, un grand nombre de rapports & de dénonciations, les déclarations judiciaires qui sont spécialement renvoyées à votre examen par un des Juges de paix de Paris, vous obligent d'éclaircir ces questions.

Les faits de la journée du 20, qui paroissent constatés par la notoriété, & aussi par des témoignages authentiques, sont :

1°. Que deux rassemblemens considérables d'hommes armés se sont formés, l'un au faubourg Saint-Antoine, l'autre au faubourg Saint-Marceau, & qu'ils sont venus, précédés de canons, à l'Assemblée nationale & au château des Tuileries;

2.° Que la porte qui conduit du passage des Feuillans au jardin des Tuileries a été forcée;

3.° Qu'une partie du rassemblement, précédée de son canon, a été introduite dans la place du Carrousel, malgré la consigne qui avoit fait investir cette place, & en avoit défendu l'entrée; que le canon de cet attroupement a été braqué contre la porte royale;

4.° Que la porte royale a été ouverte sans ordres, ou malgré des ordres contraires, par un canonnier ou grenadier;

5.° Qu'un canon du rassemblement a été introduit dans la salle des Cent-Suisses, & le tambour de la porte haché, ainsi qu'une autre porte donnant sur la terrasse du jardin;

6.° Qu'il a été enfoncé, cassé, ou haché dans l'appartement du Prince Royal, quatre portes; dans l'appartement de Madame, fille du Roi, aussi quatre portes, dont deux d'armoires; dans l'appartement du Roi, la porte d'entrée de l'œil-de-bœuf, tous les panneaux de verre des croisées de la même pièce, tant du côté de la cour que du côté du jardin; que tout le papier du corridor qui conduit de cette salle au petit escalier, a été déchiré;

7.° Que le rassemblement tout entier est entré armé dans les appartemens du Roi, & les a traversés;

8.° Que plusieurs voix se sont élevées violemment du sein de la multitude rassemblée dans les appartemens pour demander au Roi la révocation du *veto* apposé par lui sur deux décrets, & le rappel des ministres;

9.° Que plusieurs particuliers ont adressé au Roi des discours violens & menaçans, en présence & tout près du Maire de Paris;

10.° Que le bonnet de la liberté a été présenté au Roi dans le tumulte au bout d'une pique.

Je ne parle pas ici de quelques délits privés qui ont été commis clandestinement, auxquels la multitude n'a eu aucune part, tels que le vol d'une épée, d'un pot d'argent, & d'un chandelier de cuivre doré.

Voilà les événemens de la journée du 20.

Nous n'avons pas à en rechercher les auteurs; ce soin regarde les tribunaux. Plusieurs voix ont accusé les Officiers municipaux de n'avoir pas fait leur devoir: chargé de la police administrative, le Département n'a à s'occuper que de leur conduite.

Voyons donc quelle a été la conduite des Officiers municipaux, & d'abord quels sont en général les devoirs des Officiers municipaux, relativement aux attroupemens.

Les devoirs des Officiers municipaux, relativement aux attroupemens, peuvent, ce me semble, se réduire à trois principaux:

les prévenir; les contenir quand on n'a pu les prévenir; les réprimer quand on n'a pu les contenir. On peut ajouter une quatrième obligation : c'eſt de modérer & d'arrêter les déſordres quand ils ont été inévitables.

Pour déterminer ſi la Municipalité de Paris a rempli ſes devoirs, il faut ranger les faits ſous trois époques : 1.° le raſſemblement ou attroupement armé ; 2.° le forcement des avenues ou portes extérieures du château ; 3.° les événemens qui ſe ſont paſſés dans le château même.

C'eſt ſur l'acte de l'attroupement que pouvoit s'exercer le premier devoir de la Municipalité ; le devoir de prévenir. C'eſt ſur le forcement des portes & avenues que s'applique le ſecond ; celui d'arrêter ou de contenir. C'eſt à ce forcement encore & aux actes qui ſe ſont paſſés dans l'intérieur du château que s'applique le troiſième.

§. I.er

Qu'a fait la Municipalité pour prévenir le raſſemblement ? Le 16 juin le conſeil général de la Commune l'improuve par une délibération. Le 18 au ſoir la Municipalité apprend que ſa délibération ne ſuſpend pas le projet, & M. le Maire me l'adreſſe pour que je la ſoumette au Directoire du Département. Le 19 le Directoire confirme & fortifie les diſpoſitions du Conſeil général de la Commune, par un arrêté développé & poſitif. M. le Maire préſent à la rédaction de cet arrêté, donne en conſéquence une réquiſition générale au Commandant général pour qu'il faſſe toutes les diſpoſitions néceſſaires à la tranquillité publique. Le ſoir les Commandans de bataillons des deux faubourgs ſont convoqués & raſſemblés à la Mairie : MM. Alexandre & Santerre aſſurent M. le Maire *que rien ne pouvoit empêcher la garde nationale & les citoyens de toutes armes de marcher*. Sur cet avis, M. le Maire & les Adminiſtrateurs de la police propoſent au Directoire d'approuver que toutes les armes ſe rangent autour de la garde nationale, & marchent ſous la direction de ſes chefs. J'obſerve en paſſant que cette idée paroît avoir été suggérée à M. le Maire par un des citoyens qui se sont montrés les plus affectés des événemens du 20, qui y ont opposé la plus forte résistance, & qui ont toujours manifesté le plus de respect pour l'ordre & la loi; je veux dire M. Saint-Prix, Commandant du bataillon du Val-de-Grace. C'est dans un rapport de M. Saint-Prix même que je trouve l'indication de ce fait; entre onze heures & minuit, le 19, il disoit à M. le Maire, que dans le cas où les citoyens ne consentiroient pas à se dessaisir de leurs armes (& ce cas étoit celui qu'avoient prédit MM. Santerre & Alexandre, celui qui est arrivé le lendemain, malgré les représentations des administrateurs de police) *il faudroit qu'il obtînt des citoyens qu'ils les déposassent avant d'entrer à l'Assemblée Nationale & chez le Roi; qu'il offrît au peuple, pour garant de sa sûreté, de le précéder avec la Municipalité; qu'alors il pourroit donner l'ordre au Commandant général de commander tant de volontaires par bataillon, qui, placés sur le flanc à gauche & à droite de la Municipalité, protégeroient la marche des pétitionnaires, & donneroient un caractère d'autant plus imposant à cette démarche, qu'elle seroit totalement dans les formes légales.* Cet avis a paru frapper, ajoute M. Saint-prix; & il y a lieu de le croire, puisqu'en effet c'est à minuit un quart que M. Vignier est venu m'apporter la lettre de M. le Maire, qui renfermoit une partie de ces propositions.

Le directoire ne les ayant pas approuvées, M. le Maire écrit aux commandans de bataillons, le 20 à cinq heures du matin, pour *les prévenir de nouveau qu'ils ne peuvent se réunir en armes; les engager au nom de leur civisme à se conformer à la lettre du directoire qui persiste dans l'exécution de la loi, & à éclairer leurs concitoyens.* Au même instant, il charge plusieurs officiers municipaux de se rendre dans les fauxbourgs pour y parler au nom de la loi. Alors (à cinq heures du matin) les rassemblemens étoient déja considérables. On montre aux officiers municipaux la plus forte résistance. On leur objecte de toute part, *qu'on va à l'Assemblée Nationale, & que l'Assemblée Nationale a bien reçu d'autres députations armées, & leur a fait l'honneur de les laisser défiler devant elle.* Enfin, à neuf heures, le rassemblement étant formé, le corps municipal convoqué par M. le Maire, arrête *que le commandant de la garde nationale donnera à l'instant les ordres nécessaires pour rassembler sous les drapeaux les citoyens de tous uniformes & de toutes armes, lesquels marcheront ainsi réunis sous le commandement des officiers de bataillons.*

Que peut-on reprocher dans cette conduite à M. le Maire, aux administrateurs de police & au procureur de la commune ?

Le procureur de la commune devoit, dit-on, donner connoissance de l'arrêté du conseil général au corps municipal.

Il le devoit sans doute : l'envoi qui en a été fait au directoire, le 18 au soir, n'en dispensoit pas ; car cet arrêté qui n'ordonnoit rien & ne faisoit que rappeler la loi, n'avoit pas besoin d'approbation. Mais, Messieurs, l'omission de cette formalité peut-elle bien être un objet de censure ? Le corps municipal n'est-il pas une partie du conseil général ? Ce qu'avoit fait le conseil général étoit-il donc étranger au corps municipal & ignoré de ses membres ? Parleroit-on de me suspendre si j'avois omis de notifier au directoire un arrêté du conseil du Département ? Et d'ailleurs, M. le Maire & les administrateurs de police sont spécialement chargés des dispositions nécessaires pour la sûreté générale dans les cas ordinaires, & M. le Maire seul dans les cas extraordinaires. M. le Maire devoit, dit-on, communiquer l'arrêté du corps municipal, du 16, au directoire, & il ne l'a envoyé que le 18 au soir ; mais je le répète, cet arrêté n'ordonnant rien & se bornant à un refus motivé sur la loi, n'avoit pas besoin de l'approbation du directoire : rien n'en rendoit l'envoi pressant.

Le Maire, dit-on, n'a rien fait, quoique les petitionnaires, lorsqu'ils se sont retirés du conseil municipal, le 16, eussent annoncé leur persistance.

Mais les pétitionnaires n'étoient pas à eux seuls tout le rassemblement projetté ; & M. le Maire devoit croire que l'arrêté du conseil général seroit respecté par le grand nombre.

Mais, ajoute-t-on, M. le Maire n'a pu être long-tems dans cette erreur. Non : aussi, le 18, m'a-t-il envoyé l'arrêté du 16 avec une note qui en annonçoit l'urgence ; le 19, il a concouru avec le Directoire à l'arrêté de ce jour ; il a donné une réquisition générale au commandant ; il a mandé les commandans de bataillons ; il leur a écrit encore à cinq heures du matin, le 20, pour leur défendre de marcher en armes ; il a envoyé des officiers municipaux dans les fauxbourgs pour détourner les citoyens de leur projet.

Mais enfin, ajoute-t-on, le corps municipal a pris, le 20, un arrêté qui est contraire à celui du directoire, du 19, & aux loix.

Au fonds, Messieurs, je n'approuve point cet arrêté : non-seulement il plaçoit sous les drapeaux des hommes non enrôlés ; non-seulement il mettoit la force réprimante avec la force illégale ; mais il présente l'extrême inconvenance de faire en quelque sorte participer l'autorité publique à une pétition armée, relativement à l'exercice d'une faculté garantie au Roi par la constitution.

Je conviens néanmoins que quand, le 19 à minuit, un administrateur de police vint m'apporter la lettre de ses collègues & de M. le Maire, où étoit proposée cette mesure, elle me parut, comme à M. Saint-Prix, comme aux administrateurs de police, comme à M. le Maire, comme à trois députés avec qui j'étois en ce moment, un moyen qu'on pouvoit employer dans un désordre inévitable, non pour le réprimer, ou même le faire cesser, mais pour en prévenir les excès. Je le regardai, non comme un remède, mais comme un tempérament. J'entendois aussi qu'il n'en seroit point fait d'arrêté, & qu'un simple ordre seroit donné par M. le Maire au commandant général. C'est sous ce rapport que j'approuvai la mesure, mais en déclarant encore que je n'entendois pas l'adopter, & que j'allois convoquer le directoire pour en délibérer. Je convoquai en effet le directoire à minuit, & la discussion me confirma dans mon opinion.

Mais que conclure de-là contre le Maire de Paris ? 1.° L'arrêté eſt l'ouvrage du corps municipal, & non de M. le Maire ; & une grande preuve que M. le Maire n'avoit pas regardé ſon opinion comme un titre ſuffiſant pour ordonner la meſure dont il s'agit, c'eſt que ſur le refus que le directoire fit, à cinq heures du matin, d'en approuver la propoſition, M. le Maire réitéra aux commandans de bataillons des fauxbourgs de marcher en armes. S'il y avoit lieu à ſuſpenſion pour cet arrêté, ce ne ſeroit donc pas M. le Maire qu'il faudroit ſuſpendre, mais tous les membres du corps municipal, qui y ont concouru.

2° Cet arrêté n'a pas eu d'exécution, puiſque M. le Commandant général a déclaré n'en avoir eu une expédition qu'à onze heures, & que perſonne n'a reçu d'ordres en conſéquence de la part de M. le Commandant général.

3°. Enfin quand cet arrêté a été pris, l'attroupement étoit formé ; ainſi cet arrêté n'a pas été la cauſe des évènemens du 20, ni de l'attroupement qui y a donné lieu. Ainſi cet arrêté fût-il irrégulier, dès qu'aucune conſéquence bonne ou mauvaiſe n'en eſt réſulté, il ne doit pas être chargé des déſordres de la journée, ni ſervir de motifs à les imputer aux Officiers municipaux, & particulièrement au Maire, au Procureur de la commune & aux Adminiſtrateurs de la police.

4°. Enfin, Meſſieurs, quel que ſoit le vice, quelles qu'ayent été les effets de cet arrêté, de cela ſeul qu'il porte uniquement ſur un fait conſommé, & qu'il ne règle rien pour l'avenir, vous n'auriez pas le droit de ſuſpendre ſes auteurs ou provocateurs.

En effet, Meſſieurs, la ſuſpenſion ne peut être prononcée contre des Adminiſtrateurs par les adminiſtrations ſupérieures, que quand deux circonſtances indiquées par l'article XIX de la Loi du 27 Mars 1791 ſe trouvent réunies dans un même fait, ſavoir ; 1°. qu'ils ayent fait des arrêtés capables de compromettre la sûreté & la tranquillité publique ; & 2°. que les circonſtances ſoient urgentes, c'eſt-à-dire, qu'on ait à redouter des malheurs très-prochains & réſultant des arrêtés même. Cette loi ne peut donc s'appliquer à des circonſtances paſſées, à des troubles qui n'exiſtent plus, à un arrêté qui ſe rapporte à des faits consommés. L'instruction du 20 Août 1790, sur l'organisation des Corps administratifs, appelle aussi la suspension *un remède* qu'on peut employer dans les cas urgens. Mais si c'est *un remède*, il ne peut être employé que pour le mal présent ou prochain, & non être appliqué comme une *punition* à un mal passé qui ne peut être cité & châtié qu'au tribunal judiciaire.

Dira-t-on qu'il falloit employer la force dans les deux fauxbourgs avant que les rassemblemens fussent formés, & que le concours de la force avec les exhortations des Officiers municipaux, auroit pu arrêter tous désordres? Ici, Messieurs, je demande comment il étoit possible d'employer la force? Des hommes se rassemblent pour présenter une pétition; on leur oppose la loi qui défend les rassemblemens armés; ils opposent à la loi le Corps législatif qui en reçoit de tels; ils ajoutent à ce fait des témoignages de patriotisme pur & vif, qui ne permettent aucun soupçon défavorable sur leurs intentions; & puis, Messieurs, quand ce sont deux faubourgs tout entiers qui se rassemblent, comment y trouver une force réprimante? & si on ne l'y trouve pas, comment en faire marcher une autre?

Vous avez préjugé, Messieurs, l'Assemblée nationale a préjugé elle-même dans la journée du vingt, que ni la Municipalité, ni le Directoire, ni la garde nationale n'avoient le pouvoir de prévenir des rassemblemens qui s'autorisoient de l'admission de l'Assemblée; nous avons déclaré, l'Assemblée a reconnu que la responsabilité des Officiers municipaux & des Administrateurs étoit à couvert à cet égard. Après la pétition que nous avons faite, après le décret que nous avons obtenu, comment exerceriez-vous un acte de rigueur sur la Municipalité dont vous avez reconnu l'impuissance à mieux faire?

L'Assemblée nationale toujours outragée par des détracteurs à gages, a eu quelquefois besoin d'être rassurée sur les dispositions du peuple; par cette raison elle a cédé aux empressemens du peuple qui a plusieurs fois desiré se montrer devant elle, armé pour la constitution menacée de toutes parts.

M.

M. le Maire pouvoit-il faire obſerver bien rigoureuſement la loi dont l'Aſſemblée nationale croyoit avoir de bonnes raiſons de ſe relâcher ? voilà à quoi l'on peut réduire la queſtion.

§. I I.

La Municipalité qui n'a pu *prévenir* l'attroupement, a-t-elle pu *le contenir ?* & a-t-elle fait ce qu'il falloit pour cela ?

Quel étoit d'abord le moyen de contenir ? C'étoit de garder les avenues du Château, c'étoit de fermer les portes des cours, celles du château même ; c'étoit de faire garder ces poſtes à l'intérieur & à l'extérieur ; c'étoit d'y porter des hommes fermes, réſolus à faire bonne contenance, à ſe ſerrer les uns contre les autres, à faire une barrière de leur corps, à préſenter une réſiſtance immobile, & à ſe couvrir de leurs bayonnettes. J'ai vu garder à Metz un magaſin à blé pendant dix heures contre un attroupement de ſix mille perſonnes par ſix cents hommes immobiles autour de ce magaſin, mais réſolus à garder leur poſte ; & il m'eſt démontré que la réſiſtance ferme ſuffit pour préſerver les perſonnes & les propriétés contre tout attroupement. Maintenant je demande à qui il appartenoit d'ordonner ce ſervice dans la journée du 20 juin ? Au ſeul commandant général ſans doute, la Municipalité n'avoit rien à y faire. Mais, dit-on, M. le Commandant général avoit beſoin d'une réquiſition ou d'un ordre du Maire pour ce ſervice extraordinaire ? Sans doute répondrai-je ; mais le Maire l'avoit donnée ; il l'avoit donnée générale, ſuffiſante, complette ; en voici les termes tels que je les trouve dans le rapport de M. Romainvilliers : *M. le Maire chargea le Commandant général de tenir les poſtes au complet, & de doubler ceux des Tuileries & de l'Aſſemblée nationale, & d'avoir des réſerves d'infanterie & de cavalerie, & de prendre toutes les diſpoſitions propres à maintenir la tranquillité publique.*

Suivant le rapport du Maire, il recommande au Commandant général la ſurveillance la plus active ; il lui écrivit *de mettre sur pied une force imposante, & de faire des patrouilles tant à pied qu'à cheval.*

Sans doute le Maire de Paris, qui n'est pas obligé d'être un tacticien, n'avoit pas d'autre ordre à donner. M. de Romainvilliers n'en pouvoit demander d'autre. La réquisition, dont la formule est indiquée à l'article 22 de la loi du 3 Août, n'est faite que pour les magistrats des autres lieux du Royaume, qui requèrent la force publique en cas de trouble actuel, & contre des attroupemens déjà formés. Elle ne convient pas au Maire de Paris, qui, en vertu de la Loi du 2 novembre, donne des *ordres* & non des réquisitions au Commandant de la Garde nationale, dans les cas de service extraordinaire, & qui avoit à pourvoir non à des troubles actuels, mais à des troubles seulement prévus.

J'ajoute que le Commandant général n'avoit évidemment pas besoin d'un autre ordre que celui qu'il rapporte, pour garder, préserver, garantir les avenues, les entrées du Château. Cet ordre lui suffisoit sans doute pour établir des postes où il en falloit, & lui seul pouvoit juger où il en falloit; & l'établissement de ces postes suffisoit pour prévenir tout désordre; car les troupes postées tiennent du droit de la défense légitime, le droit de présenter des bayonnettes à ceux qui les auroient assaillis, de tirer sur ceux qui auroient tiré, ou voulu tirer sur eux. Elles le tiennent aussi ce droit, de la loi du 3 Août 1791, dont l'article vingt-cinq porte que les dépositaires de la force publique pourront déployer d'eux-mêmes la force des armes, si des violences sont exercées contre eux, si l'on force leur poste.

Prétendoit-on que le Maire devoit donner à l'avance une réquisition générale & positive d'*action*, au moyen de laquelle le Commandant général pût lancer la force publique sur l'attroupement, au lieu d'attendre, pour repousser l'attroupement, qu'il se lançât sur la force publique? Seroit-ce là ce que le Commandant général entendoit par l'ordre précis dont il dit dans son rapport, qu'il auroit eu besoin? Non sans doute: cette idée seroit trop contraire à la loi, pour qu'on pût la supposer à un Chef de la Garde nationale de Paris; car la réquisition d'*action* ne peut se faire que par le Magistrat, & après trois sommations à l'attroupement. Elle ne peut donc ni être un ordre écrit, ni une réquisition générale donnée à l'avance; &, encore une fois, il n'en falloit d'autre au Commandant général, que celle d'établir des postes où il étoit nécessaire d'en avoir, & de veiller à ce qu'ils fussent gardés. Eh! comment une requisition positive & locale d'*action*, auroit-elle trouvé des hommes pour l'exécuter, & l'exécuter utilement, puisque M. le Commandant général, invisible pendant toute l'action, n'avoit pas même eu soin que les postes fussent gardés & défendus?

Mais, Messieurs, en établissant que les réquisitions données par le Maire, étoient les seules qu'il pût donner, & suffisantes pour garder le Château, si elles eussent été exécutées, je ne veux pas déguiser deux inculpations faites à quelques Officiers municipaux, d'avoir donné ou levé les consignes nécessaires.

MM. Hu & Patris ont déclaré qu'on leur avoit rapporté que deux Officiers municipaux, qu'on ne leur a pas désignés, avoient donné au guichet du Louvre la consigne de laisser entrer dans le Carousel, *toutes les personnes armées qui se presenteroient*, & M. Pierre Mussey, Commandant en second du bataillon du petit Saint-Antoine, un grenadier & quatre fusiliers de ce même bataillon, ont déclaré devant le Juge de paix de la Section du Roi de Sicile, qu'ils ont vu donner cet ordre par *deux Officiers municipaux, dont l'un doit être M. Mouchet.*

Encore bien, Messieurs, que la place du Carousel ne fasse pas partie de la demeure du Roi, cependant comme on l'avoit entourée de gardes pour fermer d'autant les avenues du Château, & que c'est par-là que l'attroupement est entré dans le Château, comme il y a d'ailleurs quelque chose de très-extraordinaire à la consigne de ne laisser entrer dans cette enceinte que des gens armés, je pense que ce fait doit être communiqué à M. Mouchet, pour avoir les détails qu'il est en état de donner à cet égard.

L'autre fait, au sujet duquel on inculpe deux Officiers municipaux ; c'eſt l'ouverture de la porte royale. M. de la Reynie a déclaré devant le Juge de paix de la Section du Roi de Sicile, que deux hommes en écharpes aux trois couleurs, dont il reconnoît un pour être le ſieur Boucher René, & l'autre a été nommé par les ſpectateurs le ſieur Sergent, ont ordonné (c'eſt à la porte royale que le déclarant place la ſcène) d'un ton très-impérieux, pour ne pas dire inſolent, d'ouvrir les portes, ajoutant que perſonne n'avoit le droit de les fermer, & que tout citoyen avoit celui d'entrer ; que les portes ont été effectivement ouvertes par la Garde nationale, & qu'alors Santerre & ſa troupe ſe ſont précipités en déſordre dans les Cours.

Cette déclaration à la ſuite de laquelle ſont atteſtés encore d'autres faits notoirement faux, eſt elle-même une fauſſeté. 1.° Il eſt bien certain que M. Sergent étoit à la Mairie lorſque l'entrée du Château a été forcée, & il y eſt revenu ſeulement avec M. le Maire, vers les cinq heures. 2°. M. Boucher René déclare que s'étant tranſporté à la porte royale, *il harangua le peuple ſur le ſeuil du Guichet, & lui repréſenta qu'il ne devoit pas entrer en armes chez le Roi, & qu'il ne pourroit y entrer que vingt députés : il ajoute que* le Guichet ayant été fermé un moment après, on frappa à coups redoublés, on ébranla la porte, & qu'alors un canonnier leva la baſcule ou traverſe qui aſſujettiſſoit les deux battans. Il ajoute qu'il n'a vu le canonnier qu'au dos. Cette aſſertion, Meſſieurs, eſt entièrement confirmée par le témoignage du Suiſſe de la porte royale, dont l'Intendant de la liſte civile vous a fait paſſer la déclaration. Il atteſte notamment que l'Officier municipal *a parlé au peuple pour l'engager à ſe retirer, mais que dans l'inſtant même, le peuple voulant forcer, les deux ſentinelles, dont un grenadier, ont levé les baſcules de la grande porte qui a été ainſi ouverte, & par laquelle la foule eſt entrée.*

Ainſi, Meſſieurs, la dépoſition de M. la Reynie, détruite par elle-même, l'eſt encore par d'autres témoignages poſitifs. Ainſi il ne reſte, relativement à ce fait, aucun nuage ſur la conduite des Officiers municipaux. Ainſi il eſt démontré que ni eux, ni M.r le Maire, ne peuvent être reſponſables du forcement des portes du château.

§. III.

Il me reſte, Meſſieurs, à examiner ſi, malgré les ordres du Maire, l'attroupement n'ayant pas été contenu, il étoit poſſible de le réprimer après le forcement des portes du château ; c'eſt-à-dire, s'il étoit poſſible de faire aux troupes la réquiſition d'action, la réquiſition de tirer ſur l'attroupement.

Je demande d'abord, Meſſieurs, que dans le fait la garde du château n'ayant pas oppoſé de réſiſtance à l'entrée, la ſalle des gardes s'étant même trouvée abandonnée au moment où les appartemens ont été forcés, comment la Municipalité ou le Maire auroient-ils pu faire à temps la réquiſition d'*action?*

Cette obſervation eſt fortifiée par les principes. Il eſt évident d'abord que la répreſſion ne peut être employée quand elle tourne néceſſairement contre ceux-mêmes qu'elle a pour objet de préſerver. Or il eſt évident que la foule une fois introduite au château, & confondue avec la garde du Roi, avec ſes domeſtiques, il n'y avoit plus de moyen de répreſſion praticable ſans les compromettre. Frapper dans le château un ſeul homme, cet homme fût-il coupable, c'étoit irriter, c'étoit compromettre la ſûreté du Roi lui-même.

Obſervez enfin, Meſſieurs, non-ſeulement que le raſſemblement parti des faubourgs avoit en général des intentions très-pures, très-patriotiques ; mais encore que, parvenu à la porte royale, il étoit groſſi d'une foule de citoyens paiſibles, de femmes & d'enfans entraînés dans le très-long intervalle des faubourgs Saint-Antoine & Saint-Marcel à l'Aſſemblée nationale, ſoit par la curioſité, ſoit par l'idée qu'ils aſſiſtoient à une fête civique, ſoit par l'empreſſement de porter à l'Aſſemblée nationale un témoignage de reſpect, ſoit enfin par contrainte ; car les ſéditieux ont toujours ſoin de faire marcher au milieu d'eux des hommes foibles, des femmes, des enfans qui sont leurs victimes, & non leurs complices. Tel étoit ce rassemblement sur lequel on demanda qu'il falloit jetter la mort, pour frapper la poignée de séditieux qui avoient résolu de forcer le château.

J'ai dit que les devoirs des Officiers municipaux, relativement aux attroupemens, peuvent se réduire à trois : prévenir les attroupemens, les contenir quand on n'a pas pu les prévenir, les réprimer quand on n'a pu ni les prévenir ni les contenir. Je dois ajouter que ces trois devoirs sont indivisibles : la loi les a réunis ; la sûreté publique veut qu'ils le soient ; l'intérêt de ceux qui en sont chargés le demande aussi. En effet, prévenir ou contenir un attroupement séditieux n'est pas toujours possible ; le contenir est toujours très-difficile ; le réprimer peut donc être nécessaire. Le Magistrat de police doit donc être obligé d'employer la force, quand les deux autres moyens ont été sans succès, ou que l'attroupement s'est fait soudainement, & par cette raison n'est composé que de séditieux. Mais réprimer un attroupement, c'est répandre du sang ; essayer de le contenir, n'est souvent que compromettre & la force & la loi. Le prévenir est sans contredit ce qu'il y a de plus juste, de plus humain ; c'est aussi ce qu'il y a de plus facile & de plus sûr. Le Magistrat de police doit donc avoir la faculté, être même obligé de s'opposer aux attroupemens, avant de pouvoir recourir aux moyens extrêmes de la répression. Il doit donc pouvoir éclairer les volontés dès qu'elles tendent à troubler l'ordre public, se présenter aux grouppes qui se forment avant qu'ils s'échauffent ; y porter la lumière, la persuasion, avant que leur masse & leur effervescence empêchent la voix du Magistrat d'arriver à toutes les oreilles & d'agir sur toutes les ames ; il doit pouvoir aussi faire apparoître à propos quelque force publique, seulement pour annoncer la présence de la loi & la vigilance du Magistrat, ou pour préserver au besoin les hommes paisibles, les femmes & les enfans que les séditieux ne manquent jamais d'entraîner dans leur marche. Autrement, que seroit-ce que le ministère du Magistrat de police ?

Réduit à n'arriver qu'au milieu des désordres, il ne pourroit employer d'armes que le canon. Réduit à n'agir que contre des rassemblemens mélangés de coupables & d'innocens, il faudroit qu'il les frappât tous d'une mort commune. Ainsi, n'ayant pas pu, ou n'ayant pas voulu préserver les hommes paisibles, les femmes, les enfans, du torrent de la sédition, il seroit réduit à les massacrer! Les femmes, les enfans seroient là par sa négligence ou par son insuffisance, & il les en rendroit victimes! Ils ne demanderoient qu'à se jetter dans les bras du Magistrat, & le Magistrat les extermineroit! Retenus par la violence, au milieu de ceux qui les auroient entraînés, ils demanderoient vengeance à la Loi, & la Loi les frapperoit! Et sous quel prétexte? Pour garantir le citoyen dont l'existence ou la propriété sont en péril. Eh! ceux qui sont actuellement la proie des séditieux doivent-ils donc être sacrifiés à la sûreté de celui qui peut le devenir? Non. Et il ne faut pas se le dissimuler; quand le Magistrat ordonneroit de faire feu sur de tels rassemblemens, le soldat, le bronze même ne lui obéiroit pas.

La loi existant, le contrat du magistrat municipal avec sa place est donc qu'il se soumet à l'obligation de réprimer les attroupemens désordonnés, à condition qu'il aura la faculté, ou si l'on veut, qu'il sera soumis à l'obligation de les prévenir par tous les moyens qui seront en son pouvoir, ou de les réprimer avant qu'ils soient grossis par leurs violences mêmes, ou par la longue apparence d'une légalité qu'aucune opposition du magistrat ne laisse suspecter.

Cela posé, s'il arrive que des circonstances impérieuses & hors de la puissance du magistrat lui ravissent ou affoiblissent dans sa main les moyens, soit de prévenir les attroupemens, soit de les réprimer au moment de leur formation soudaine, & lorsqu'ils ne sont encore composés que de séditieux, la justice veut qu'il soit aussi dégagé de l'obligation de les réprimer ensuite, si on lui enleve la puissance de la raison & l'influence de la parole, ou la certitude qu'il ne marche que contre une faction manifestement mal intentionnée, il peut dire : je laisse là vos canons. Il peut aller plus loin ; il peut soutenir que l'action de la force n'est autorisée que quand les autres moyens prescrits par la loi ont été épuisés, ou qu'elle agit sans délai contre des attroupemens imprévus & impossibles à contenir.

D'après ces principes, Messieurs, la Municipalité aura justifié pleinement sa conduite dans toutes les périodes de la journée du 20 juin, en vous disant : « Je n'ai pas prévenu un rassemblement
» Il avoit pour objet un hommage à l'Assemblée Nationale. Je
» n'ai pas pu exécuter à la rigueur la loi qui défend tout rassem-
» blement armé, parce que la loi est infirmée par une sorte de
» désuétude, & que la désuétude est connue de l'Assemblée Na-
» tionale.

» Je n'ai pu contenir le rassemblement que par une force *ré-*
» *sistante*, & la force mal commandée n'a pas été résistante.

» Je n'aurois pu le réprimer que par la force *agissante* ; mais
» lorsque la répression est devenue le seul moyen d'empêcher
» le désordre, les personnes à réprimer & les personnes à pré-
» server étoient mêlées ensemble. Le rassemblement lui-même
» étoit composé pour la plus grande partie de citoyens bien in-
» tentionnés, qui croyoient assister à une fête, non à une émeute ».

§. IV.

Ici, Messieurs, il reste à éclaircir si M. le Maire a fait ce qu'il devoit faire pour mettre un terme au désordre, pour le tempérer, n'ayant pu le prévenir : & d'abord on demande s'il n'est pas arrivé trop tard chez le Roi.

C'est à quatre heures que la cour royale a été forcée ; c'est à quatre heures & demie qu'un adjudant a prévenu M. le Maire de cet évènement. Vers les cinq heures, il étoit à la cour des Princes. Il y avoit de l'embarras dans les cours & sur la place du Carousel. M. le Maire fut quelque temps avant de pénétrer au château. Il fut arrêté sur l'escalier, & il parla à la foule. Il fut arrêté de même dans

dans les falles, & il parla au nom de la loi. Ce furent ces obftacles qu'il rencontra à chaque pas, qui l'empêchèrent de paroître immédiatement après fon arrivée dans la falle où étoit le Roi. Son retard donc étoit l'effet de l'évènement même, & n'en eft pas une circonftance coupable.

On fait deux autres reproches à M. le Maire. M. le Crofnier & M. Vinfray qui ont fait des déclarations devant le juge de paix de la fection des Tuileries, difent que M. le Maire a entendu très-près de lui tenir au Roi des propos menaçans, & que M. Pétion ne les a pas réprimés.

D'autres témoins, & en plus grand nombre, déclarent que M. Pétion a loué le peuple *de la dignité avec laquelle il avoit préfenté fa jufte pétition.*

Meffieurs, je réunis ces deux inculpations & je fuppofe que les faits foient vrais. Elles me femblent, Meffieurs, ne prouver qu'une chofe, c'eft que le Maire alarmé pour le roi, & auffi pour l'honneur du peuple, ne vouloit que motiver l'éloignement auquel il l'invitoit, & auquel il étoit impoffible & dangereux de le contraindre; c'eft qu'il facrifioit fa rigidité à la prudence & à l'inquiétude; le grand point, le grand intérêt étoit de calmer ou de contenir les paffions farouches, ou les intentions perverfes qui pouvoient d'un moment à l'autre fe déclarer dans quelques individus du raffemblement. L'autorité municipale étoit réduite à compofer, pour épargner de grands malheurs; elle ne feroit plus elle-même fi elle étoit obligée d'être toujours inflexible comme la juftice.

Eh! Meffieurs, avant que M. Pétion parlât ce langage qu'on lui attribue, un député, par le même motif fans doute, *avoit donné au peuple* l'efpérance que le Roi auroit égard à fa jufte repréfentation.

Au fond du cœur M. Pétion a été défolé de l'évènement du 20 juin. Il m'a montré ce fentiment le lendemain, dans la feule entrevue que j'ai eue avec lui depuis ce jour; & c'étoit au château où nos devoirs nous réunirent un moment. Si j'avois à le juger, comme juré, d'après ma conviction intime, je n'hésiterois pas une seconde à l'acquitter honorablement, & je ne puis moins faire pour lui, quand je n'ai qu'une voix consultative à émettre sur sa conduite, que si j'avois à donner une opinion décisive.

A l'égard des autres Officiers municipaux considérés dans la dernière période des faits que je viens de parcourir, aucun reproche ne s'est élevé sur leur compte. Le zèle qu'ils ont montré en ce moment pour faire respecter le Roi, & notamment M Mouchet, me paroît jetter un jour très-favorable sur leur conduite antérieure dans la journée du 20.

Avant de conclure, Messieurs, sur cette affaire, je déclare que personnellement je regarde comme le comble de la démence ou de la scélératesse, tout ce qui tend à la désorganisation ou à la division, non seulement des pouvoirs, mais même des esprits, dans la circonstance déplorable où nous nous trouvons, en présence des Etrangers qui nous menacent. Je pense que toute attaque livrée à l'autorité constitutionnelle du Roi, est un principe de division, peut-être de désorganisation; je crois qu'il est également coupable & de vouloir gouverner le Pouvoir exécutif avec le canon du faubourg Saint-Antoine, & de vouloir gouverner le pouvoir législatif avec l'épée des Généraux d'armée; je pense que la Constitution, qui suivant tant de gens *va perdre la Constitution*, peut au contraire seule la sauver : je ferai sur cela une profession de foi très publique, dès que l'affaire qui vous occupe en ce moment sera terminée, & que je pourrai répondre à la lettre que M. Manuel m'a écrite & a imprimée dans les papiers publics. Mais c'est par une suite de mes opinions mêmes, Messieurs, que je m'estime heureux de n'avoir trouvé dans la conduite de la Municipalité, aucun fait qui pût asseoir une suspension ou un renvoi aux Tribunaux. Il importe sans doute à la Nation que le domicile du Roi, qui n'a pu être préservé, soit du moins vengé par la loi; mais c'est aux Tribunaux à chercher les coupables & à les punir. Ils les trouveront aisément. Ils sont ailleurs que dans la Municipalité : la voix publique, la notoriété ſes accuſent aſſez hautement. Conſidérez auſſi que l'intérêt public ſollicite à l'approche d'une époque qui pourroit amener la réconciliation de tous les partis, que rien ne ſépare les autorités les unes des autres; conſidérez que la ſciſſion du Département & de la Municipalité pourroit en entraîner de plus importantes encore. Je le répète, c'eſt un grand bonheur que la juſtice, que l'ordre public ne réclament en cette circonſtance, vengeance contre aucune autorité conſtituée.

Cependant, Meſſieurs, afin que M. le Maire & M. Mouchet ſoient à même de lever juſqu'au moindre nuage qui, aux yeux des malveillans, pourroit reſter ſur leur conduite, & auſſi pour ſtatuer régulièrement ſur le renvoi qui vous eſt fait par le Juge de paix de la Section du Roi de Sicile, je concluerai à ce que les déclarations recues tant par le Juge de cette Section que par celui des Tuileries, ſoient communiquées à M. le Maire & à M. Mouchet.

CONCLUSIONS.

Je requiers que le conſeil déclare qu'il n'y a lieu à ſuſpendre le Maire de ſes fonctions ni les Adminiſtrateurs de police, ni le Procureur de la commune de la Municipalité de Paris; & que cependant les déclarations reçues par le Juge de paix de la Section des Tuileries & celui de la ſection du Roi de Sicile, ſeront communiquées à M. le Maire de Paris & à M. Mouchet, officier municipal, pour y être fourni par eux telles obſervations qu'ils jugeront convenables, & leſdites obſervations être rapportées au conſeil, ſi les circonſtances exigent qu'il reſte aſſemblé, ſinon au directoire. *Signé* Le Procureur-général-ſyndic du Département, RŒDERER.

Certifié conforme à l'original dépoſé au ſécrétariat & tranſcrit ſur les regiſtres du Département. *Signé* BLONDEL, ſecrétaire.

PIÈCES JUSTIFICATIVES
SUR
LES ÉVÈNEMENS
DU VINGT JUIN 1792.

N.° I.

COPIE de la lettre écrite au Procureur-général-ſyndic du Département, par le Maire de Paris.

Paris, le 18 Juin 1792, l'an 4.e de la Liberté.

J'AI l'honneur, Monſieur, de vous faire paſſer expédition de l'arrêté pris par le conſeil général de la commune, le 16 de ce mois, à l'occaſion de l'annonce faite au conſeil général, que des citoyens des faubourgs Saint-Antoine & Saint-Marcel avoient réſolu de préſenter, mercredi prochain 20 de ce mois, à l'Aſſemblée Nationale & au Roi, des pétitions relatives aux circonſtances, & de planter enſuite l'arbre de la liberté ſur la terraſſe des Feuillans, en mémoire de la ſéance du jeu de paume, &c.

Je vous ſerois obligé, Monſieur, de donner communication de cet arrêté au directoire.

Signé le Maire de Paris.

N.° II.

COPIE de la lettre adreſſée au Directoire, le 20 Juin à minuit, par MM. les Maire & Officiers municipaux, au Département de Paris.

LE département de la police, Meſſieurs, ayant été inſtruit par différens rapports, que les citoyens des faubourgs doivent marcher en armes; ayant été inſtruit que des ſections ont pris des délibérations à ce ſujet pour autoriſer les commandans de bataillon à les conduire, les juges de paix & les commiſſaires de police à les accompagner; ayant été inſtruit enfin que les habitans des environs de Paris venoient ſe réunir en armes à ce cortége, a cru devoir réunir les commandans de bataillons pour avoir d'eux des explications claires & préciſes.

Ils s'accordent à dire que les citoyens leur paroiſſent dans les intentions les plus pacifiques, mais qu'ils tiennent avec la plus grande opiniâtreté à aller en armes. Ils s'appuient de ce qu'ils y ont été juſqu'ici, & de ce que l'Aſſemblée Nationale les a bien reçus: ils témoignent des défiances & des craintes de marcher ſans armes. Nous avons fortement inſiſté, particulièrement auprès du commandant du bataillon du faubourg Saint-Marcel, & d'un des commandans du faubourg Saint-Antoine. Ils nous ont répondu qu'il leur paroiſſoit impoſſible de vaincre les eſprits à cet égard.

Cette poſition, ainſi que vous le voyez, Meſſieurs, eſt très-délicate. Il ne s'agit pas de quelques individus, mais d'un nombre conſidérable. Ne pourroit-on pas prendre un parti tout-à-la-fois prudent, & qui ſe concilie avec la loi? Toutes les armes peuvent ſe ranger autour de la garde nationale & ſous la direction de ſes chefs. Si les magiſtrats autoriſoient légalement les commandans de bataillon à marcher en armes, alors tout rentreroit dans la règle, & les armes fraterniſeroient enſemble. Nous n'entendons pas parler que les pétitionnaires puiſſent ſe préſenter en armes chez le Roi ; ils paroiſſent convaincus dès ce moment même qu'ils ne le doivent pas.

Nous ſoumettons ces réflexions à votre prudence. Nous vous prions de nous faire dire promptement ſi vous les approuvez.

Le maire & les adminiſtrateurs de la police. *Signé* PETION, PERRON, VIGNER, PANIS, SERGENT.

N.° III.

COPIE de la lettre écrite par M. Petion à M. Rœderer, le 20 Juin 1792, 5 heures du matin.

JE viens, Monſieur, de prévenir un adminiſtrateur de police, pour ſe rendre ſur le champ au directoire, ſelon le déſir de votre lettre. La meſure indiquée par la nôtre eſt la ſeule *prudente*, je dirai plus, la ſeule praticable, ſur-tout dans des circonſtances où les citoyens n'ont pas eu le temps d'être prévenus, & ſont peut-être déjà ſur pied à ſe préparer.

N°. IV.

COPIE de la lettre écrite aux Maire & Officiers municipaux, adminiſtrateurs de police, par le Directoire du Département.

Paris, le 20 Juin 1792, l'an 4.e de la Liberté, à 5 heures du matin.

NOUS avons reçu, Meſſieurs, votre lettre de cette nuit. Nous ne croyons pas pouvoir en aucune circonſtance compoſer avec la loi, que nous avons fait le ſerment de faire exécuter; elle nous trace nos devoirs d'une manière impérieuſe. Nous croyons devoir perſiſter dans notre arrêté d'hier.

Signé Les adminiſtrateurs compoſant le directoire du département de Paris.

P. S. Nous recevons à l'inſtant votre lettre de cinq heures. Nous ne jugeons pas qu'elle doive nous faire changer de diſpoſitions.

N°. V.

COPIE de la lettre écrite au Commandant général de la Garde nationale, par le Directoire du Département de Paris.

Paris, le 20 Juin 1792, l'an 4.e de la Liberté, à cinq heures & demie du matin.

NOUS avons reçu cette nuit, Monſieur, une lettre de MM. les adminiſtrateurs de la police, qui nous propoſoient diverſes mesures relatives aux évènemens que l'on craint pour aujourd'hui. Nous leur avons répondu que nous croyions devoir persister dans l'arrêté que nous avons pris hier de concert avec eux. Nous nous empressons de vous en informer, en recommandant de nouveau à votre vigilance toutes les mesures qui vous paroîtront nécessaires pour maintenir la tranquillité publique. Nous ne doutons pas que si vous voyez le danger pressant, vous n'ordonniez de battre la générale, pour rappeler tous les citoyens à leurs drapeaux.

Signé Les administrateurs composant le directoire du département de Paris.

N.° V I.

COPIE de la lettre écrite au Ministre de l'Intérieur, par le Directoire du Département de Paris.

Paris, le 20 Juin 1792, l'an 4.e de la Liberté, à six heures du matin.

NOUS avons reçu, Monsieur, cette nuit, de MM. les maire & officiers municipaux administrateurs de la police, la lettre que nous joignons ici. Nous n'avons pas cru pouvoir adopter les mesures qu'ils nous proposoient; nous leur avons répondu par la lettre dont nous joignons copie. Nous avons en même-temps écrit au commandant général, pour recommander de nouveau à sa vigilance toutes les mesures qu'il croira nécessaires pour le maintien de la tranquillité publique. Nous n'avons pas en ce moment-ci d'autres détails sur les rassemblemens projetés. Nous

nous empresserons de vous informer successivement de tous ceux que nous recevrons.

Signé Les administrateurs composant le directoire du département de Paris.

N.° VII.

AUJOURD'HUI mercredi 20 juin, à quatre heures du matin, M. de la Pierre, adjudant général de la cinquième légion, est venu chez M. Leclercq, commandant en chef du quatrième bataillon de ladite cinquième légion, lui dire de faire assembler le bataillon le plus tôt possible au quartier, en faisant avertir chacun des citoyens qui le composent, sans faire battre la caisse, pour attendre au quartier les ordres ultérieurs.

Tous les citoyens ont été avertis, mais peu sont encore arrivés.

Paris, ce 20 juin 1792, dix heures du matin. *Signé* LECLERCQ, commandant en chef.

N.° VIII.

COPIE de la lettre du Ministre de l'Intérieur au Directoire du Département, du 20 juin 1792.

Paris, le 20.

MESSIEURS,

Sans aucun délai, donnez ordre aux troupes de marcher pour défendre le château. Je reçois à l'instant des nouvelles qui m'annoncent des dangers pressans.

Signé le Ministre de l'Intérieur.

Au bas de la lettre du ministre est écrit en note :

Envoyé à l'instant même copie de la lettre au maire, au

commandant général, au corps municipal, en le priant de faire exécuter l'ordre.

Répondu au miniftre, en l'informant du départ des trois lettres.

N.° IX.

SECTION DE MONTREUIL.

PROCÈS-VERBAL de la proteftation de MM. Bonnaud & Savin, commandans du bataillon de Ste-Marguerite.

EXTRAIT du regiftre des procès-verbaux du comité de la fection de la rue de Montreuil.

L'AN quatrième de la liberté, le mercredi 20 juin 1792, dix heures du matin, fur l'invitation faite par M. le préfident, les membres du comité, au nombre de fept, fe font rendus au lieu de fes féances, ainfi que le commiffaire de police & le fecrétaire-greffier, pour veiller au maintien du bon ordre, à caufe du trouble occafionné dans la fection relativement au raffemblement confidérable de citoyens armés de toutes armes, réunis à la fection des Quinze-vingts ; & vers onze heures du matin, M. Savin, commandant en fecond du bataillon de Sainte-Marguerite, s'eft préfenté au comité, à l'effet de déclarer au nom de M. le commandant dudit bataillon & au fien propre, qu'il avoit envoyé au pofte de Montreuil une députation de la fection des Quinze-vingts, compofée d'un fergent, deux ou trois fufilie s & de cinq à fix porteurs de piques, qui ont invité le commandant, au nom de M. Santerre, commandant du bataillon des Enfans-trouvés, de faire marcher le bataillon de Sainte-Marguerite à la fuite de celui des Enfans-trouvés. M. Bonnaud, commandant, a répondu à la députation, & lui a montré l'ordre figné *Pétion*, par lequel il eſt expreſſément défendu au bataillon de fortir du poſte, & que le civiſme des chefs eſt garant qu'il n'enfreindront pas la loi.

La députation a répondu que le bataillon des Enfans-trouvés avoit reçu la même conſigne, & qu'elle avoit été levée. M. le commandant de Sainte-Marguerite a donné connoiſſance de cette conſigne à tous les citoyens-ſoldats de ſon bataillon, & un très-grand nombre a manifeſté l'envie de marcher avec la ſection des Quinze-vingts. Mais M. le commandant de Sainte-Marguerite voulant éviter les malheurs qui ſeroient réſultés d'une réſiſtance opiniâtre de ſa part, & couvrir la démarche illégale qu'on le forçoit à faire, requiert le comité de la ſection de Montreuil de conſigner dans ſes regiſtres la proteſtation formelle qu'il ſe réſerve de réitérer en perſonne, qu'il n'a marché contre les ordres précis qui lui avoient été donnés, que comme contraint, Et pour éviter que la différence des opinions des divers citoyens compoſant le bataillon, ne fût un ſujet de malheurs pour quelques-uns d'entre eux : & comme au moment où ledit ſieur Savin faiſoit la préſente proteſtation, le bataillon étoit déjà en marche, il n'a pas eu le temps d'attendre la rédaction du préſent procès-verbal ; néanmoins le comité, pour ſatisfaire, autant qu'il eſt en lui, au bataillon, a donné acte à M. Savin, ainſi qu'à M. Bonnaud de la préſente proteſtation, pour ſervir en temps & lieu de juſtification de leur conduite. Et ont les membres préſens, le commiſſaire de police & le ſecrétaire-greffier, ſigné en fin de la minute du regiſtre, ainſi *Signé* QUENIAR, préſident, DEVERGILES, DUPONT, BENOIST, BIENAIMÉ, VIEL, commiſſaire de ſection, DUMONT, commiſſaire de police, & MUSINE, ſecrétaire-greffier.

Pour expédition conforme à l'original. *Signé* MUSINE, ſecrétaire-greffier.

N.° X.

N.° X.

Déclarations du commandant du deuxième bataillon de la quatrième légion, & de plusieurs grenadiers & volontaires du même bataillon.

Nous soussignés, grenadiers & volontaires du deuxième bataillon de la quatrième légion, croyons de notre honneur & de notre devoir de dénoncer au département la conduite de deux officiers municipaux, MM. Hu & Patris, qui les ont empêchés de donner force à la loi.

Le bataillon des Petits-pères étoit commandé pour garder les trois guichets du Louvre qui donnent sur la place du château; sa consigne étoit d'empêcher d'entrer la troupe des piques. Fidèle à l'obéissance, il a annoncé à cette troupe, aussitôt qu'elle s'est présentée, qu'elle ne pouvoit entrer, mais qu'en attendant qu'on eût d'autres ordres, s'il y en avoit à donner, on alloit envoyer chercher des officiers municipaux. D'après la réquisition faite à MM. Hu & Patris, ils s'y transportèrent. Le commandant, M. Perrée, leur exposa que ne pouvant forcer sa consigne sans ordres, il les prioit de calmer le peuple armé, jusqu'à ce qu'il eût reçu des ordres différens.

Sur ce, MM. Hu & Patris lui ont donné l'ordre de laisser entrer les personnes armées, & de suite sont entrés dans la place à leur tête. Tout ce que dessus au vu des soussignés. *Signé* Berger, Blouet, sergens de grenadiers; Perrée, commandant en chef du bataillon des Petits-pères; Sallier, ex-commissaire de police; Stadel, Lesecq, grenadiers, Duhamel, lieutenant des grenadiers, Calame, gredadier.

Nous soussignés, certifions avoir entendu M. Santerre, lequel étoit à la tête d'une troupe des piques, dire en ſortant du château : *Le Roi a été difficile à émouvoir aujourd'hui ; nous y reviendrons demain, nous le ferons évacuer.*

Signé BIOUET, ſergent des grenadiers des Petits-pères; PICAL, chaſſeur volontaire des Petits-pères.

Je certifie qu'un ſcélérat m'a couché en joue, & que ſon fuſil a raté deux fois à bout portant. Je certifie de plus que ce malheureux, une heure après, m'a répété pluſieurs fois qu'il étoit déſolé de m'avoir manqué, & qu'il avoit cependant bien arrangé ſa pierre.

Signé PERRÉE, commandant en chef du bataillon des Petits-pères.

N.° XI.

Déclaration du ſieur Bidault le jeune.

JE ſouſſigné, Louis-François Bidault le jeune, grenadier volontaire de Sainte Opportune, compagnie de M. Lemonnier, atteſte qu'étant de ſervice le mercredi 20 juin 1792, au poſte de la Reine, dans le château des Tuileries, à l'inſtant où une foule immenſe d'hommes & de femmes armés força la porte royale, un officier de la garde nationale, décoré de la croix de ſaint Louis, eſt accouru à notre corps-de-garde, demandant main-forte pour la sûreté du Roi. Empreſſé d'obéir, j'y ſuis accouru, accompagné de M. Lecroſnier mon camarade, & de deux autres perſonnes dont je ne connois pas le nom ; mais embarraſſé dans ma courſe par la ſuſdite foule qui vouloit forcer la dernière porte, à quoi je me ſuis oppoſé de toute mes forces, j'ai été repouſſé, *frappé d'un coup de bâton à la tête, & atteint d'un coup de pique* qui a percé mon habit du côté gauche. Échappé de cette cataſtrophe, que je puis qualifier d'aſſaſſinat, je me ſuis hâté d'arriver à la chambre que l'on nomme, je crois, *l'œil de bœuf,* appartement qu'occupoit alors le Roi ; je me place de ſuite à ſa gauche, faiſant face & de mon corps & de mon fuſil à cette multitude effrénée. Une d'elle préſente un bonnet rouge au bout d'un bâton, je crois ; il eſt pris & placé ſur la tête du Roi ; au même inſtant j'entends proférer ces mots auſſi coupables qu'indécens : *Il a f. . . . . bien fait de le mettre, car nous aurions vu ce qu'il en ſeroit arrivé ; & f. . . . . s'il ne ſanctionne pas le décret ſur les prêtres réfractaires & ſur le camp de vingt mille hommes, nous reviendrons tous les jours, & c'eſt par-là que nous le laſſerons & que nous ſaurons nous faire craindre.*

Le premier de ces quidams qui a traverſé les différentes ſalles du château, porte une figure brune, marquée de petite vérole, la taille d'environ 5 pieds 3 pouces : vêtu d'une redingote brunâtre, un pantalon de toile, ledit armé d'un long piſtolet avec dard de la main droite, & de la gauche un ſabre nud, criant : *En bas le Veto, au diable le Veto.*

Un autre, injuſtement vêtu de l'habit de garde national avec épaulettes jaunes, armé d'un fuſil, duquel il menaçoit quiconque s'oppoſoit à ſa fureur. Mille propos auſſi injurieux que vexatoires partis de cette même foule, ont autant de fois frappé mes oreilles.

J'obſerverai que lorſque l'officier eſt venu me chercher pour la défenſe du Roi, une partie de cette populace m'a forcé à ôter ma baïonnette de mon fuſil, & m'ont menacé que ſi je la remettois ils me frapperoient.

Je déclare en outre avoir remarqué un fort de la halle, armé d'un ſabre, cherchant tous les moyens poſſibles pour pénétrer à la perſonne du Roi, mais que nous avons repouſſé.

Je perſiſte dans cette préſente déclaration.

Signé Louis-François Bidault, jeune, rue aux Fers, commis chez MM. Bélanger & Bidault, mon frère.

A Paris, ce 23 juin 1792.

N.° XII.

Déclaration du sieur Lecrosnier, négociant, grenadier du bataillon de Sainte-Opportune.

JE soussigné, François-Anne Lecrosnier, négociant, demeurant rue de la Chanverrerie, n.° 22, grenadier de Saint-Opportune, compagnie Lemonier,

Déclare qu'étant de service le mercredi 20 juin chez la Reine, un volontaire vint annoncer que des brigands forçoient la porte de l'appartement où étoit le Roi; cette alerte nous fut confirmée dans l'instant par un chevalier de saint-Louis, vêtu de l'habit de garde national.

Nous traversâmes aussitôt l'appartement où étoit la Reine avec plusieurs personnes des deux sexes; je déclare avoir remarqué Madame royale fondant en larmes.

Arrivés au nombre de quatre à cinq grenadiers (dont M. Bidault, rue aux Fers, en étoit un) à l'appartement où étoit le Roi & Madame Élisabeth,

Je déclare que le Roi étoit entouré de quelques personnes; & avoir entendu les coups de hache ou autres instrumens semblables, redoublés sur la porte, en avoir vu sauter deux panneaux.

Nous nous mîmes dans l'instant en devoir de repousser ceux qui se présenteroient; nous les avons tenus en respect pendant une à deux minutes; mais voyant que nous allions périr sous le nombre, dont les piques étoient en avant sur nous, nous nous sommes repliés sur la personne du Roi, que je n'ai plus quittée.

Je déclare qu'un des premiers qui est entré étoit armé d'un long bâton, au bout duquel étoit une lame d'épée rouillée très-pointue.

Ce brigand s'eſt mis en poſture de foncer ſur la perſonne du Roi: nous avons écarté ſes coups avec nos baïonnettes; j'en ai remarqué un autre qui tenoit un ſabre d'une main, & un piſtolet à pluſieurs coups, qui n'avoit rien moins que de mauvaiſes intentions.

Nous fûmes bientôt forcés de nous replier juſques dans l'embraſure de la fenêtre où le Roi s'étoit retiré, entouré de M. Vanot, notre commandant, plus, d'un chevalier de ſaint-Louis en uniforme de garde national, & de deux ou trois volontaires.

Je déclare être monté auſſitôt ſur la banquette où étoit monté le Roi, ainſi que les perſonnes ci-deſſus.

C'eſt alors que j'ai remarqué un brigand d'environ trente-ſix ans, taille de cinq pieds deux à trois pouces, figure brune & grêlée de petite vérole, très-mal vêtu, armé d'un ſabre, qui avec effort a percé la foule, & a démontré par ſes geſtes qu'il vouloit attenter aux jours du Roi, en tenant les propos les plus ſales; que ce brigand a été écarté par les volontaires qui nous avoient rejoints, & qui formoient un rempart devant le Roi.

Je déclare en outre que j'ai remarqué un fort de la halle armé d'un ſabre qui a fait, pendant plus d'une heure, les plus grands efforts pour pénétrer du côté du Roi, mais qu'il a été heureuſement repouſſé par les grenadiers.

Je déclare de plus que j'ai encore remarqué pendant plus d'une heure un grand jeune homme d'environ 6 à 7 pouces, preſque blond, âgé d'environ 20 à 25 ans, vêtu, à ce que j'ai pu remarquer, d'une redingote merde-d'oie claire, qui eſt parvenu à percer la foule juſqu'auprès du fauteuil où ſe trouvoit monté M. Petion.

Ce Brigand crioit & répétoit continuellement : *Sire ! Sire !*

je vous demande, au nom de cent mille ames qui m'entourent ; le rappel des miniſtres patriotes que vous avez renvoyés ; je demande la ſanction des décrets ſur les prêtres & les vingt mille hommes, l'exécution des loix, ou vous périrez,

Le Roi lui a répondu : *Vous vous écartez de la loi : adreſſez-vous aux magiſtrats du peuple.* Je crois me rappeler que ce ſont là les vraies paroles du Roi.

Ce brigand s'agitoit d'une maniere furieuſe, & ſes geſtes étoient menaçans.

Je déclare avoir remarqué avec indignation, que M. Petion ne lui a pas une ſeule fois impoſé ſilence, quoiqu'il fût tout à côté de lui.

Ce brigand a diſparu lorſque M. Petion a harangué le peuple en lui tenant (autant que je puis me rappeler) ce langage : « Citoyens, vous avez fait vos juſtes repréſentations au Roi, « je vous engage, au nom de la loi, à vous retirer avec la même « dignité que vous êtes entrés ».

Je dois encore déclarer que, pendant la préſence des brigands, il s'élevoit des cris & des hurlemens affreux, parmi leſquels on diſtinguoit des imprécations contre la perſonne du Roi.

Qu'enfin, preſque débarraſſé de cette horde de brigands, nous avons conduit le Roi dans l'appartement où étoit la Reine & ſa famille, & qu'alors je ſuis reſté extérieurement avec mes camarades juſqu'au lendemain quatre heures du ſoir.

Je perſiſte dans ma préſente déclaration, comme étant vraie dans tous ſes points.

A Paris, ce 23 juin 1792. *Signé* LECROSNIER. (J'entends, en parlant des brigands, ceux qui excitoient le peuple qui ſe trouvoit là, à aſſaſſiner le Roi, & qui vouloient l'égarer.)

N.° XIII.

Déclaration du sieur Gosse, grenadier volontaire du bataillon de Sainte-Opportune.

Je soussigné, Jean-Michel Gosse, citoyen actif & grenadier volontaire du bataillon de Sainte-Opportune, demeurant chez M. Moioma & compagnie, négocians & banquiers, rue des Mauvaises-paroles, déclare que mercredi dernier, 20 du présent mois, j'étois de garde au château des Tuileries. J'étois placé avec mes frères d'armes près la porte royale, au moment où elle a été forcée. Aussitôt je reçois l'ordre de me porter vers la personne du Roi, qu'on disoit en danger.

Le détachement dont je faisois partie ayant été arrêté par un peuple immense, j'ai fendu la presse, & je me suis trouvé dans un corridor au milieu d'hommes armés de piques, lances & autres. Je suis entré dans un appartement, où j'ai trouvé le Roi accompagné de madame Élisabeth, & presque sans suite. Aussitôt Sa Majesté a crié, *A moi quatre grenadiers de la garde nationale.* Je dis au Roi : *Sire, je jure entre vos mains de mourir pour votre défense.*

Madame Élisabeth, les larmes aux yeux, m'a répondu : *M., défendez le Roi.* Au même instant nous entendons un bruit affreux ; déjà les pans des portes de l'appartement où se trouvoit le Roi, sont brisés. Nous invitons Sa Majesté à se placer dans l'embrasure d'une croisée, où Elle a aussitôt donné ordre d'ouvrir les portes. Un officier municipal fait tous ses efforts pour être entendu, mais en vain : une députation de l'Assemblée Nationale arrive ; & au milieu des cris d'*à bas M. Veto*, un membre parvient à se faire entendre. Un second veut parler, il réclame la constitution & les loix; ſa voix eſt étouffée par d'autres cris d'*à bas la loi.* Une ſeconde députation de l'Aſſemblée ſe préſente, parle au Roi & au peuple. Enfin paroît M. Pétion; il harangue le peuple & le fait défiler. Il y avoit près de deux heures & demie que le Roi étoit à la croiſée, lorſque m'adreſſant à M. notre maire, je lui dis : *Monſieur, il ſeroit bon que vous vous portaſſiez vers la porte briſée, afin d'arrêter le défilé*, ce qu'il exécuta. Je profitai de ce moment pour aider le Roi à paſſer dans un autre appartement; nous parvînmes, au milieu de la multitude, à tranſporter Sa Majeſté dans une autre pièce. Là, la Reine & la famille royale ſe jettèrent dans les bras de Sa Majeſté, en verſant des torrens de larmes. Je n'ai quitté le Roi que lorſqu'il a donné les ordres de le laiſſer ſeul. *Signé* GOSSE.

A Paris, le 23 juin 1792.

N.° XIV.

COPIE de la déclaration de M. Guiboult, grenadier du bataillon de Sainte-Opportune.

JE ſouſſigné, Marie-Thomas-Jacques Guiboult, marchand de galons, rue aux-Fers, grenadier du bataillon de Sainte-Opportune, étant de ſervice mercredi dernier 20 juin, à la garde montante chez le Roi, déclare avoir été témoin des faits ci-après :

Au moment où l'on a menacé de forcer la porte royale, étant alors de garde au poſte d'honneur, on a crié aux armes, & l'on nous a rangés en colonne à côté de ladite porte.

Cinq minutes après qu'elle eut été forcée, le miniſtre de la guerre eſt venu demander du renfort; je l'ai ſuivi avec d'autres grenadiers. Arrivés dans une pièce dite *l'œil de bœuf*, nous nous ſommes placés avec beaucoup de peine, en fendant la multitude,

vis-à-vis

vis-à-vis la fenêtre dans l'embrasure de laquelle le Roi étoit monté debout, entouré seulement d'environ sept à huit gardes nationales.

Je déclare avoir vu parmi les personnes armées de piques, bâtons & fusils, un homme portant au bout d'une fourche, un cœur de veau avec cette inscription: *cœur des aristocrates,* & ledit homme affecter de le mettre sous les yeux de Sa Majesté.

J'ai reconnu un sieur Soudin, soi-disant vainqueur de la bastille, armé d'un fusil avec sa baïonnette; cet homme s'avançoit toujours vers le Roi d'un air menaçant, & tenant les propos les plus hardis.

Je déclare que le sieur Soudin a été chassé du bataillon de Sainte-Opportune; qu'il est prouvé que cet homme, à l'époque de la révolution, a été prendre à la morne les deux tête des MM. Bertier & Foulon, & qu'après les avoir lavées dans un sceau d'eau, il les a portées sur le quai de la Ferraille, & les a données au peuple pour les mettre au bout d'une pique.

On m'a fait aussi remarquer un autre homme vêtu d'un habit verd, que l'on m'a assuré avoir été un coupe-tête en 1789.

Je déclare avoir entendu crier *à bas le Veto; le rappel des ministres patriotes; il faut qu'il le signe; nous ne sortirons pas qu'il ne l'ait fait.*

Je déclare avoir vu un homme présenter son bonnet rouge au Roi, & que sur le geste d'acquiescement fait par Sa Majesté, M. Mouchette, officier municipal, le fit passer, & qu'il a été porté sur sa tête; que le peuple a manifesté par des bravo & des battemens de pieds prolongés & des cris répétés de *vive la Nation,* la joie qu'il a ressentie.

Je déclare que quand le peuple, après la sortie du Roi, a défilé dans les appartemens, on crioit toujours *à bas le Veto & vive la Nation;* que l'on demandoit: *Est-ce là le lit du gros Veto. Ah!*

M. Veto a un plus beau lit que nous. Où est-il donc le gros Veto !

Je certifie la vérité des faits ci-dessus. En foi de quoi j'ai signé en la maison de M. Lemonnier, mon capitaine. A Paris, le 23 juin 1792, *signé* GUIBOULT.

N.° XV.

RAPPORT que fait M. de Romainvilliers, Commandant général, des faits qui se sont passés dans la malheureuse journée du 20 juin 1792, & journées antécédentes.

LES 18 & 19 juin, on ne parloit que des rassemblemens qui se préparoient dans les fauxbourgs Saint-Antoine & Saint-Marcel, & devoient se présenter le 20, tant à l'Assemblée Nationale que chez le Roi.

J'eus plusieurs conférences pendant ces deux jours avec le directoire du département de Paris & avec M. le maire, pour aviser aux moyens qu'il étoit nécessaire de prendre pour prévenir les évènemens malheureux qui pouvoient être la suite de ces rassemblemens.

MM. du directoire firent un arrêté le 19 juin, adressé à la municipalité & au commandant général.

D'après cet arrêté, le maire écrivit au commandant-général le 19 juin, que le département paroissoit craindre que des malveillans ne se rassemblassent pour faire du trouble; en conséquence, il charge le commandant-général de tenir les postes au complet, & de doubler ceux des Tuileries & de l'Assemblée Nationale, d'avoir des réserves d'infanterie & de cavalerie, & de prendre toutes les dispositions propres à maintenir la tranquillité publique.

Le commandant-général a vu dans la journée, plusieurs fois, & le département & M. le maire, & n'a pu en obtenir d'ordre précis. M. le maire l'a remis au lendemain matin; en conséquence, il y est retourné le 20 à 8 heures du matin ; le maire l'a fait venir au conseil municipal, & enfin il lui a été expédié à onze heures & demie l'ordre ci joint.

J'avois, dès la veille, averti tous les chefs de légions de prévenir tous les commandans de bataillons de se tenir à leurs postes prêts à *marcher*.

Premier ordre.

Moyennant ce, & l'ordre de la municipalité expédié, j'ai fait passer l'ordre à tous les bataillons. Plusieurs sont arrivés entre midi & une heure au château, dix ont été placés dans le jardin, sur la terrasse qui est devant le château, & formoient un front de bandière, devant lequel ont défilé tous les habitans des fauxbourgs qui sortoient de l'Assemblée Nationale sans aucun trouble.

Deux étoient sur la terrasse, du côté de la rivière, où on commençoit à escalader.

Cinq étoient sur la place du Carousel, & un fermoit les guichets neufs pour empêcher d'entrer sur cette place.

Quatre étoient sur la place de Louis XV, pour empêcher qu'on ne forçât par l'orangerie & par la porte du côté de l'eau.

En dedans étoit un bataillon, les deux gardes montante & descendante, & cent hommes de gendarmerie.

Huit ou dix membres de la municipalité sont arrivés; moitié étoit dans le jardin derrière le front de bandière, devant lequel défiloit la députation armée des fauxbourgs.

Le commandant-général s'assura de la parole que lui avoit donnée la municipalité, qu'une seule députation composée de vingt individus, aux termes de la loi & sans armes, se présenteroit devant le Roi; le Roi l'avoit permis, & le commandant-général devoit l'accompagner dans le château.

Le commandant-général repaſſant du jardin dans les cours, s'aſſura également de la parole des membres de la municipalité qui y étoient au nombre de ſix.

La députation étoit preſque fixée, & le calme régnoit, lorſque la porte royale vint à s'ouvrir, & le peuple, précédé de deux officiers municipaux, entra avec la rapidité d'un torrent qu'il étoit impoſſible d'arrêter. Il ſe porta à l'eſcalier, enfonça les portes & parcourut tous les appartemens. Le commandant-général n'a eu d'autre parti à prendre que de ſe faire accompagner par des grenadiers qu'il a pris dans différens bataillons, & qu'il a fait entrer dans le lieu où étoit le Roi pour s'approcher de ſa perſonne, & le défendre autant qu'ils pourroient de toute inſulte. Il a mis auprès de la Reine des grenadiers & volontaires de différens bataillons, qui tous auroient péri avant qu'il lui eût été fait une inſulte.

Mais quelle a été ſa ſurpriſe lorſque s'informant de quelle manière la porte royale avoit été ouverte, il apprit qu'elle l'avoit été au nom de la loi, par l'ordre des municipaux qui étoient à la tête de cette députation armée, & l'avoient introduite toute entière! Les gardes nationales toujours ſoumiſes à la loi, & prévenues de l'obéiſſance due à la municipalité, n'ont pu s'oppoſer à l'entrée de la députation, & pénétrées de douleur des circonſtances, ont fait de leur perſonne, ce que la loi leur défendoit de faire de leurs armes.

Tel eſt le rapport fidèle de tout ce qui s'eſt paſſé à la connoiſſance du commandant-général; il n'a pu obtenir d'ordre par écrit la veille; a retourné à huit heures du matin chez M. le maire, avec lequel il a été au conſeil municipal qui a pris l'arrêté ci-joint: c'eſt le ſeul qu'il ait eu. Le commandant-général n'a donc pu tenir une autre conduite que celle qu'il a tenue, ſans peut-être provoquer de grands malheurs : les officiers municipaux ſeuls étoient chargés des réquiſitions & des ordres.

Il remettra inceſſamment au directoire le rapport d'un commandant de bataillon qui étoit ſur la place du Carouſel, & dont le commandant-général n'a pu être témoin.

Signé Le Commandant-général, de ROMAINVILLIERS.

N.° XVI.

RAPPORT du Chef de la deuxième légion, à MM. les Adminiſtrateurs du Département, ſur l'ordre qu'il en a reçu, concernant l'affaire arrivée au Château le 20 juin 1792, l'an 4.e de la Liberté.

LE chef de la deuxième légion deſcendoit la garde ledit jour avec la troiſième légion, ayant à ſon tour fait le ſervice pour M. Romainvilliers. Il n'entrera dans aucun détail des cauſes du raſſemblement, ni des projets, n'en ayant aucune connoiſſance ; il ſe bornera à vous déclarer ce qui le concerne, ce qui lui eſt particulier.

Voici le fait. J'ai vu pluſieurs officiers municipaux & le commandant-général ſe promener dans les cours du château & le long de la terraſſe, ſans me donner d'autre ordre que d'aller faire ouvrir les portes du jardin pour faire paſſage au cortège, que cet ordre étoit du Roi. Au moment où j'allois le faire exécuter, j'aperçus qu'elles étoient ouvertes, & qu'il y avoit déjà beaucoup de monde dans le jardin. Une demi-heure après, la marche paſſa à travers les Tuileries, en entrant par la porte Dauphin, & ſortant par la porte du Pont royal.

Je me rendis dans la cour du château ſur les trois heures; je propoſai à MM. Boucher, René & M. Hue, officiers municipaux, de demander, à la porte royale, aux membres du cortège de ſe joindre, conformément à l'arrêté, une vingtaine de perſonnes ſans armes, pour préſenter leur pétition au Roi : ils le firent. Je leur témoignai enſuite que ſi cette propoſition étoit accueillie, je me ferois un plaiſir de les conduire, & que certainement ils ſeroient bien reçus du Roi. MM. les officiers municipaux reſtèrent à la porte comme je me retirois pour attendre la réponſe. Un inſtant après, ma ſurpriſe fut des plus grandes de voir le peuple vouloir forcer le guichet pour entrer; les deux ſentinelles repouſſèrent ceux qui ſe préſentoient, & fermèrent la porte. Me repliant du côté de la gendarmerie ſeul, rien ne m'étonna plus d'entendre le peuple entrer en foule, ſe porter vivement au château, ſuivi de pièces de canon traînées avec tant de précipitation qu'ils manquèrent me paſſer ſur le corps.

Sans perdre courage & cherchant les moyens d'être utile, il me vient à l'inſtant dans l'idée que nulle garde n'étoit auprès du Roi, qu'il étoit ſeul avec ſa famille; je volai promptement par le petit eſcalier de la cour des princes, en priant M. Boivins, adjudant-général de la quatrième légion, de faire porter des ſecours aux appartemens & d'en fermer les paſſages.

J'arrivai en même-temps que la foule dans la grand'ſalle avant les appartemens : je cours de ſuite à la porte de la chambre du Roi que je trouve fermée; je frappe; je prie avec inſtance de m'ouvrir; je me nomme, je déclare que je veux ſauver le Roi & reſter à ſes côtés. La porte me fut ouverte. Je ſaiſis le Roi à braſſe-corps : il étoit entouré de la Reine, du Prince royal, de Madame royale & de madame Éliſabeth. Je ſaiſis à l'inſtant le Roi à braſſe-corps; je le priai avec grande inſtance de ſe montrer au peuple, ce qu'il fit ſans délai. Je le couvris de mon corps, en l'assurant que je périrois plutôt que de lui voir faire la moindre insulte.

Un garde national décoré de la croix-de-Saint-Louis, prit le bras gauche du Roi, & lui fit les mêmes protestations : trois ou quatre personnes présentes à cette scène se réunirent auprès du Roi, dont M. de Vinfrais, officier de la gendarmerie du département de Villejuif, M. Guinguerlot, lieutenant-colonel de la gendarmerie à pied de cette ville, & M. Canolle, auxquels se joignit M. le maréchal de Mouchy. Ils avoient tous tiré leurs sabres dans l'intention de se défendre & de repousser ceux qui se présenteroient vers le Roi. Je pris sur moi de leur ordonner de remettre leur arme dans le fourreau, en leur assurant que leur zèle exposeroit la vie du Roi : ils le firent promptement.

Pendant cette scène l'on brisoit les croisées, l'on enfonçoit la porte d'entrée, les panneaux d'en-bas étoient déjà cassés ; je criai au suisse d'ouvrir la porte, afin que le peuple entrât librement voir son Roi : il le fit ; au même instant vingt ou trente particuliers se précipitèrent dans l'appartement. Je m'écriai sur le champ : *Citoyens, reconnoissez votre Roi, respectez-le ; la loi vous l'ordonne. Je périrai, nous périrons tous plutôt d'y voir faire la moindre atteinte.* A ce propos, lancé d'un ton ferme & assuré, ils s'arrêtèrent. M. Canolle s'écria : *Vive la Nation, vive le Roi.*

Madame Élisabeth étoit à côté du Roi, & ne vouloit pas le quitter. Sur la proposition que je lui fis de se retirer, elle persista, déclarant qu'elle n'abandonneroit pas le Roi ; ce qu'elle a si bien exécuté, en montrant à côté de son frère une véritable amitié, un courage ferme & mâle.

L'on proposa au Roi, pour éviter la foule, & pour être plus à portée de voir le peuple, de monter sur l'appui d'une croisée de la salle, ce qu'il accepta sur le champ ; la place n'étant pas assez grande, madame Elisabeth se plaça sur celle à côté.

Au même inſtant, quatre grenadiers, un officier de chaſſeurs & un canonnier ſe placèrent à côté & en face du Roi, & ont ſoutenu le choc de la foule avec une conſtance & une fermeté dignes d'éloges. M. le Maréchal de Mouchy, malgré ſon grand âge, ne l'a pas abandonné. Quelque temps après, eſt arrivé un détachement de grenadiers avec des officiers, du nombre deſquels étoient MM. la Cheſnaye, chef de légion, & Vannotte, commandant en chef le bataillon de Sainte-Opportune.

Permettez-moi de m'arrêter, & de finir à cette époque un récit qui perce le cœur, & dont vous connoiſſez par différens rapports tous les détails ; mais je ne puis paſſer ſous ſilence, que dès l'inſtant que j'ai prié le Roi de ſe montrer, juſqu'à ſon retour dans ſes appartemens, il n'a ceſſé de donner des preuves certaines de ſa fermeté, de ſa tranquillité & de ſa confiance envers le peuple : ſa contenance mâle auroit fait reculer l'homme le plus effréné.

Ce 22 juin 1792, l'an 4.e de la Liberté.

Le chef de la deuxième Légion.
Signé ACLOCQ.

N.° XVII.

A Meſſieurs du Directoire du Département de Paris.

MESSIEURS,

Je n'aime point les dénonciations & je hais les dénonciateurs ; mais je ſuis convaincu qu'il importe à la tranquillité publique que vous preniez une idée vraie de l'évènement du mercredi 20 du préſent mois, & par ce motif je me détermine à vous rendre compte des faits & des actions dont j'ai été le témoin ou

l'inſtrument ;

l'inſtrument. Je m'interdirai toute eſpèce de réflexion ; voici ces faits :

Je faiſois partie d'un détachement du quatrième bataillon de la première légion de la garde nationale pariſienne ; ce détachement étoit placé ſur la terraſſe en face du château & à peu de diſtance de la porte du pont royal.

Une perſonne vêtue en noir eſt venue avertir qu'on forçoit les appartemens de la Reine, & a requis notre détachement de s'y porter . Auſſitôt le commandant (M. Muſſet) donne l'ordre de marcher, & le détachement vole dans l'appartement.

La ſalle de la garde d'honneur étoit déja remplie de cette foule armée, qui ſe qualifie improprement du nom de peuple ; la garde qui étoit de poſte chez la Reine, étoit abſente en partie, & ce qui reſtoit n'oppoſoit aucune réſiſtance........... les fuſils étoient même dans les râteliers.

Ce commandant donna l'ordre de faire retirer les perſonnes de tout ſexe qui vouloient de force s'introduire chez la Reine ; on les repouſſe dans l'eſpèce de ſalle qui tient à la galerie, & n'en eſt ſéparée que par une cloiſon qui ne va pas juſqu'au plafond. Le détachement dont je faiſois partie défendant ſeul l'entrée de l'appartement, les volontaires du poſte de la Reine blâmoient hautement la réſiſtance que notre détachement oppoſoit, ils crioient qu'on alloit les faire égorger.

Cependant, ſans égard pour les cris, & toujours fidèle aux ordres du commandant, notre détachement réſiſte.

Mais ce détachement n'étoit composé que de dix-huit à vingt hommes, & obligé de ſe diviſer pour ſe porter aux trois portes qui ſont dans cette ſalle ; quatre hommes ſeulement étoient à la porte qui communique de la ſalle dans le premier antichambre de la Reine (j'étois de ce nombre). On veut nous forçer, nous réſiſtons ; on m'allonge un coup de pique que le commandant à l'adresse de parer, & le coup passe à côté. On se presse sur nous, on nous culbute & l'on entre dans la première pièce.

Dans cette pièce étoient des paravents pour masquer différens objets; la foule armée les renverse & va chercher derrière avec une maligne curiosité. La porte de la troisième pièce étoit fermée; on en brise un panneau à coups de hache; on fait de même de la seconde porte, & l'on pénètre de toutes parts. Alors notre détachement se borne à faire défiler pour éviter l'engorgement; les propos les plus injurieux & les plus indécens sont proférés contre le Roi & contre la Reine.

On vient demander du renfort pour les appartemens du Roi; je suis commandé & j'arrive dans la salle du billard, où l'on me pose en faction pour faire défiler le public. Pendant l'espace de plus de trois heures que j'y ai demeuré, il n'y a pas d'horreurs que je n'aye entendu vomir, soit contre la personne du Roi, soit contre celle de la Reine.

Un officier général dont je ne sais pas le nom, s'est trouvé incommodé dans l'appartement du Roi; on l'a fait passer dans la salle du billard pour y respirer, & je l'ai vu insulté par cette foule armée qui passoit.

Le grenadier du poste de la Reine qui étoit en faction à la porte de son appartement lorsque notre détachement y est monté, a eu sa bayonnette volée à son côté, & voilà, Messieurs, quelques-uns des traits qui servent à justifier l'éloge fait par le maire de Paris à l'Assemblée nationale, de la dignité avec laquelle cette foule qu'il décore du nom de peuple, s'est montrée dans la journée du 20 juin 1792.

Je suis avec respect, messieurs, votre très-humble & très-obéissant serviteur. *Signé* JALADON, citoyen actif de la section du Roi de Sicile, & volontaire du quatrème bataillon de la première légion, demeure rue du Roi de Sicile, N.° 55.

Ce 26 juin 1792.

P. S. J'oublie de dire, toujours pour caractériser cette prétendue dignité, qui, suivant M. le maire de Paris, a distingué le peuple François dans cette journée, que le capitaine des grenadiers de notre détachement (M. Lasne), fut blessé d'un couteau enmanché au bout d'un bâton, dont on lui assena un coup sur la main; la blessure répandit beaucoup de sang; j'ignore si elle aura des suites fâcheuses, je ne le crois pas. *Signé* JALADON.

N°. XVIII.

Paris, le 26 juin 1792, l'an 4.e de la Liberté.

VOUS me demandez, Messieurs, si le Roi a donné l'ordre à quelqu'un d'ouvrir ou faire ouvrir, soit la porte royale, soit toute autre porte des cours ou du jardin des Tuileries, à l'époque où l'attroupement s'est introduit dans le château.

Voici sur cet objet les renseignemens les plus certains que vous puissiez avoir.

Trois officiers municipaux, MM. Boucher René, Boucher Saint-Sauveur & Mouchet, arrivèrent au château sur les une heure & demie. Ils se plaignirent au Roi de ce que la porte qui donne sur la terrasse des feuillans étoit Fermée. L'un d'eux, M. Mouchet, dit au Roi « que ce rassemblement marchoit légalement » & sous l'égide de la loi; qu'il ne falloit pas avoir d'inquiétude; » que des citoyens paisibles se sont réunis pour faire une pétition » à l'Assemblée Nationale, & veulent célébrer une fête civique à » l'occasion du serment prononcé au jeu de paume en 1789; » qu'à la vérité, ces citoyens sont revêtus des mêmes habits & des » mêmes armes qu'à pareille époque; qu'ils avoient été fâchés de » voir un canon sur la terrasse des Feuillans, par où ils vouloient » passer; & que des citoyens paisibles qui n'avoient aucune

» mauvaiſe intention, ne pouvoient qu'être affectés de ſe voir » ſoupçonnés ».

Le Roi répondit à cet officier : *Vous devez faire exécuter la loi. Entendez-vous avec M. le commandant-général de la garde ; ſi vous le jugez néceſſaire, faites ouvrir la porte de la terraſſe des Feuillans ; que les citoyens défilent le long de cettte terraſſe, & qu'ils ſortent par la cour des écuries. Faites en ſorte, meſſieurs, que la tranquillité publique ne ſoit point violée ; votre devoir vous impoſe d'y ſurveiller.*

Voilà, Meſſieurs, les ſeuls ordres, ou plutôt les ſeules paroles du Roi, pour l'ouverture des portes, ſoit des cours, ſoit du jardin des Tuileries.

J'ai communiqué au Roi le préſent rapport, & Sa Majeſté en a approuvé le contenu, comme conforme à la vérité. Ce n'eſt que ſur des rapports que je vous cite les noms des officiers-municipaux qui ne me ſont pas perſonnellement connus.

Signé le Miniſtre de l'intérieur.

TERRIER.

N.° XIX.

Rapport de l'événement arrivé au Château des Tuileries, le 20 juin 1792.

MON GÉNÉRAL,

Le mercredi 20 juin 1792, vers les deux heures & demie du matin, j'ai reçu l'ordre de faire aſſembler tous les bataillons de la quatrième légion dans leurs quartiers reſpectifs, & de ſe tenir prêts à marcher au premier ordre, ce qui a été exécuté ponctuellement. Je pris ſur moi d'après cet ordre, d'ordonner que la garde qui devoit monter chez le Roi à midi, la monteroit à neuf heures du matin. Je vous prévins de cet ordre, & vous me fîtes réponſe que j'avois bien fait, & que monſieur le commandant général approuvoit ma diſpoſition.

Sur les dix heures & demie du matin, je prévins M. Vanot, commandant en chef du bataillon de Sainte-Opportune, & commandant de ladite garde, de donner l'ordre de partir pour le château; nous y arrivâmes vers les 11 heures, & je mis la garde montante en bataille dans la cour des princes, la droite appuiée au pied de l'eſcalier, tournant le dos au château. Il ſurvint une pluie, ce qui m'obligea de vous demander l'ordre de placer la garde dans les deux galeries couvertes donnant ſur le jardin. Y étant arrivé, j'appris que les portes des Tuileries étoient ouvertes; j'y envoyai ſur le champ vingt-cinq grenadiers à la porte du jardin des Tuileries, du côté du pont royal, commandés par un lieutenant: & vingt-cinq autres grenadiers à la porte du jardin du côté de Saint-Roch, commandés par un capitaine, avec ordre de fermer leſdites deux portes, & de ne laiſſer entrer perſonne. Je formai un bataillon carré du reſte de la garde, dans le jardin, vis-à-vis la principale grille, pour empêcher l'entrée du château; j'envoyai de ſuite le ſieur Ahn, adjudant du bataillon de Saint-Jacques-la-Boucherie, pour faire le tour dans le jardin des Tuileries, & pour me rendre compte s'il y avoit quelques portes ouvertes. Pluſieurs particuliers me rendirent compte un inſtant après, *que l'on forçoit la porte des Feuillans*: un bataillon de la cinquième légion étant entré dans les tuileries au même moment, je priai le commandant de s'y porter, ce qu'il fit à l'inſtant; enſuite vous me donnâtes l'ordre de relever tous les poſtes de la garde deſcendante. Je crus devoir ne pas abandonner les poſtes importans dont je m'étois emparé ſans être relevé, & j'y reſtai environ une demi-heure. Je vis arriver la ſixième légion du côté du pont royal, qui entra dans les Tuileries. Je fis relever les vingt-cinq grenadiers qui occupoient ce poſte, pour donner paſſage à ladite légion ; je me plaçai à côté de la porte avec les deux ſentinelles, & quand la ſixième légion eut défilé, le peuple voulut entrer dans les Tuileries à toute force, & nous fûmes repouſſés : j'appelai les grenadiers à mon ſecours, avec leſquels je repouſſai tout le monde & fermai la porte.

La ſixième légion s'empara du poſte, & j'envoyai les vingt-cinq grenadiers chez la Reine.

Le capitaine qui commandoit les vingt-cinq grenadiers à la porte des Tuileries, du côté de Saint-Roch, m'envoya dire que le peuple le forçoit, & en effet il entroit en foule, & les grenadiers revenir que j'envoyai chez le roi, parce qu'alors j'étois relevé par la cinquième légion.

Étant arrivé dans la cour, je fis relever tous les poſtes que cette garde devoit occuper.

Sur les deux heures & demie de l'après-midi, pluſieurs commandans de bataillons & adjudans m'avertiſſent que leurs bataillons ſont dans le carouſel, & me demandent des ordres : je leur réponds que je n'en avois pas reçu, & que je ne pouvois leur en donner ; qu'il falloit s'adreſſer au commandant général : pluſieurs me dirent qu'ils ne pouvoient pas le trouver.

Voyant que l'on ne donnoit aucun ordre, je pris ſur moi de dire à M. Perrée, commandant en chef du bataillon des Petits-Pères, de ſe porter avec ſon bataillon aux portes des guichets neufs attenant au château, & de faire face à la rivière ; de ne laiſſer entrer perſonne dans le carouſel ; ce qui fut exécuté avec la fermeté convenable dans la circonſtance. Pluſieurs pièces de canon y furent placées.

J'ordonnai à l'adjudant de Bonne-Nouvelle de former ſon bataillon en colonne, & de renvoyer tout le monde qui étoit ſur la place du carouſel ; & je m'adreſſai enſuite à un officier de canonniers qui étoit vis-à-vis la cour royale, pour le prier d'aller avec son bataillon au coin de la rue Saint-Nicaise pour s'assurer du carousel. Il me fit réponse qu'il ne me connoissoit point, & qu'il n'avoit point d'ordre à prendre de moi ; qu'il avoit ses chefs, & que je pouvois aller commander les miens.

Il commanda un instant après à ses canonniers de se mettre à leur poste ; je vis quatre pièces de canon marcher en retraite & se mettre en bataille vis-à-vis la porte royale, adossée au bâtiment de l'hôtel d'Elbœuf jusqu'à l'ancienne ferme générale du tabac ; après quoi je rentrai dans la cour royale. Un instant après M. Girard, commandant en second du bataillon des Petits-Pères, vint me dire que si je ne lui envoyois du renfort, la porte alloit être forcée par le peuple, armé de piques, fusils, faulx, sabres & autres armes offensives.

J'aperçus *deux officiers municipaux en écharpe près de moi*, dont un d'une taille ordinaire, l'autre très-petit, d'une figure plate & maigre. Je leurs fis part aussitôt de ce qui se passoit en les priant de s'y transporter. *Le plus petit me dit que le dehors ne le regardoit pas, le plus grand au contraire, dit qu'il falloit y aller*, & à l'instant il y parut accompagné de M. Girard. Environ dix minutes après, je m'aperçus que le peuple armé défiloit sur le carousel. Je courus au guichet & *demandai à M. Perré, commandant, pourquoi il laissoit entrer. Il me répondit que les deux officiers municipaux lui avoient dit de laisser entrer seulement le peuple armé.* Je rentrai dans le château très-mécontent, *pour rendre compte au commandant général de ce qui se passoit : je ne pus jamais le trouver.*

J'appris dans les appartemens que le peuple forçoit la porte royale ; je descendis promptement dans la cour des princes : à mon arrivée le peuple étoit déjà dans la cour royale, je n'eus que le temps de crier aux armes, aux grenadiers qui étoient aux croisées de la salle des gardes.

Voyant qu'il n'y avoit plus de ressource de ce côté-là,

j'envoyai cent volontaires environ, dont je ne me rappelle pas de quelle légion, dans les appartemens de la Reine, & j'ignore même s'ils ont pu y parvenir.

M. Vernant, commandant du bataillon de Saint-Magloire, m'arrêta en me priant, les larmes aux yeux, de l'envoyer quelque part avec son bataillon. Je lui fis réponse qu'il tâchât d'entrer dans les appartemens du Roi ou de la Reine. A l'instant je le quittai, & je cherchai tous les moyens d'entrer dans les appartemens. Je ne pus y parvenir qu'une heure après que j'entrai dans le grand escalier de la cour des princes. Je traversai les appartemens, & je parvins à celui où étoit la Reine. Je vis cette princesse assise, ayant à sa gauche le Prince-royal avec un bonnet rouge sur sa tête, madame Première à sa droite, deux haies de grenadiers à leur droite, & à leur gauche, M. Mandat près de la Reine, à côté des grenadiers.

Le sieur Santerre du même côté, à la droite des grenadiers, qui faisoit défiler le peuple, en lui annonçant, *voilà la Reine & le Prince royal :* ensuite fixant la Reine, il dit d'un air compâtissant : Otez, en parlant du Prince royal, *le bonnet à cet enfant;* la Reine le lui ôta.

Je cherchai les moyens d'entrer dans les appartemens du Roi, où je rencontrai M. Lajard, ministre de la guerre, & me dit de tâcher d'empêcher le public d'entrer dans le petit escalier de l'œil de bœuf. Je retournai sur mes pas, & plaçai au bas dudit escalier douze grenadiers, avec ordre de n'y laisser entrer personne.

Environ une heure après, je rencontrai *M. Romainvilliers & M. Péthion dans l'œil de bœuf; je demandai l'ordre au commandant général de ne plus laisser entrer personne dans le château;* il me le donna. Alors je descendis dans la cour royale & je m'adressai à un commandant de bataillon, qui me demanda si j'avois des ordres; je lui dis que oui : *De plus; voyez M. Péthion demandez-lui*

lui;

sui. Il s'en assura & conduisit son bataillon dans le grand escalier, où il n'y entra plus personne.

Vers les neuf heures & demie du soir, je demandai au commandant général s'il ne seroit pas nécessaire de faire évacuer les Tuileries. Il se concerta avec le maire, & je reçus l'ordre verbal de le faire ; en conséquence, je demandai à M. Péthion qu'un officier municipal voulût bien m'accompagner, il me fut accordé. Nous fûmes dans la cour des suisses : je courus après le bataillon de Saint-Jacques-l'Hôpital, commandé par M. Galet, commandant en chef, qui se retiroit dans ses quartiers ; je lui fis part de l'ordre que j'avois reçu, & nous entrâmes avec son bataillon dans les Tuileries, du côté de Saint-Roch, & à dix heures & demie du soir, Nous réussîmes à faire sortir tout le monde.

Je rendis compte au commandant général, à l'état-major, qu'il n'y avoit plus personne aux Tuileries : je lui demandai la permission de me retirer ; ce qui me fut accordé.

Voilà ce que j'ai vu & ce que j'ai fait dans cette journée, sans augmenter ni diminuer rien, & autant que mes yeux & ma mèmoire ont pu me servir fidèlement relativement à ce récit.

Signé, LAGARDE, adjudant général de la quatrième légion.

N°. X X.

Extrait du regiſtre des délibérations du Corps municipal.

Du 20 juin 1792, l'an 4.e de la liberté, neuf heures du matin.

LE corps municipal, extraordinairement convoqué, présidé par M. le maire, & composé de MM. Bertollon, Borie, Boucher, René, Boucher-Saint-Sauveur, Chambon, Couart, Cousin, Pallet, Grouvelle, Guiard, Hu, Lefebvre, Lemétayer, Etienne Leroux, J. J. Leroux, Leroy, Lesguilliez, Mouchet, Panis,

Patris, Roard, Sergent, Therrin, Vigner, M. le procureur de la commune préſent;

Le corps municipal ordonne le dépôt au ſecrétariat, de l'arrêté du directoire du département, du 19 juin, relatif aux pétitionnaires des fauboûrgs Saint-Antoine & Saint-Marceau.

M. le maire ayant expoſé que les citoyens ſe réuniſſoient en armes dans le faubourg Saint-Antoine, & qu'ils ſe diſpoſoient à ſe tranſporter de ſuite à l'Aſſemblée Nationale & chez le Roi,

Le corps municipal a pris l'arrêté ſuivant :

Le corps municipal étant informé qu'un grand nombre de citoyens de tous uniformes & de toutes armes, ſe propoſent de ſe préſenter aujourd'hui à l'Aſſemblée Nationale & chez le Roi, pour remettre une adreſſe & célébrer en même temps l'anniverſaire du ferment du jeu de paulme,

Le procureur de la commune entendu,

Arrête que le chef de légion, commandant général de la garde nationale, donnera à l'inſtant les ordres néceſſaires pour raſſembler ſous les drapeaux les citoyens de tous uniformes & de toutes armes, leſquels marcheront ainſi réunis ſous le commandement des officiers des bataillons.

Lecture faite du procès-verbal, la rédaction en a été approuvée, & M. le maire a levé la ſéance.

Signé PETION, maire. DEJOLY, ſecrétaire-greffier.

Pour extrait conforme à l'original. *Signé* DEJOLY, ſecrétaire-greffier.

N.° XXI.

Événemens du 20 juin 1792.

ÉTANT de poſte au carouſel avec deux cents gendarmes, ſuivant les ordres que m'en avoit donnés mon colonel;

Vers les une heure, je reçus ordre du général Vittingthoff de faire entrer mon détachement dans la cour royale, & de le faire placer en bataille, la droite appuyée sur le château, & la gauche à la porte du carousel. Cela fait, le général m'ordonna de faire charger les armes, ce qui fut exécuté.

Au bout d'une demi-heure, le général m'ordonna de faire séparer la ligne de bataille en différens endroits, pour y placer plusieurs pelotons de volontaires, ce qui fut encore exécuté. Nous restâmes dans cette position environ trois heures; alors je fus averti par un officier de volontaires, que l'on se préparoit à entrer dans le château. Sur cet avis, *je demandai au général Romainvilliers si je devois m'opposer à cette entrée : il me répondit qu'il falloit faire ôter les baïonnettes.* Je fus tellement surpris de cet ordre, que je lui fis connoître mon étonnement; *mais il me dit que c'étoit l'avis d'une partie de la municipalité.* Il m'échappa de demander pourquoi on ne me demandoit pas tout de suite de rendre mon épée & ôter ma culotte : alors il me dit, « *Ne prenez que comme un avis ce que je viens de vous dire* ». Il s'en fut, & je ne le revis plus.

Je profitai de la liberté qu'il m'accordoit pour faire garder les baïonnettes : peu de temps après je fus encore averti *que l'on braquoit les canons sur la porte.* Je parcourus aussitôt toute la cour pour trouver quelqu'un qui pût me donner des ordres; je ne trouvai que M. Vanot, commandant de bataillon, qui ne voulut jamais prendre sur lui cette responsabilité.

Dans le courant de ces débats, je vis ouvrir les deux battans de la porte; alors chacun entra avec précipitation, conduisant des canons, portant des armes de toute nature, & montèrent au château. Nous restâmes toujours sous les armes les baïonnettes au fusil, & en bataille. Environ une heure après, deux hommes armés descendant du château, disoient ils, *de la part de M. Santerre, qu'il falloit se méfier de nos baïonnettes & nous les faire quitter :* alors il s'éleva des cris pour que nous les ôtions ; mais nous les gardâmes toujours jusques à huit heures & demie, heure que tous ces gens armés se sont retirés. *Une partie de ces faits se sont passés devant notre colonel.*

Signé CARLE, premier lieutenant-colonel de la trentième division.

N.° XXIII.

A MESSIEURS composant le Directoire du département de Paris.

CONVAINCU qu'il importe au salut public, de déposer de tous les faits propres à jeter quelques lumières sur les événemens du 20 juin présent mois, le soussigné a l'honneur d'attester à Messieurs, que ledit jour, sur les cinq heures & demie après midi étant dans le jardin des Tuileries, il a vu M. Manuel, procureur de la commune, dans deux ou trois grouppes, entouré d'hommes & de femmes qui vomissoient les injures les plus grossières contre le Roi & la Reine. Il étoit vêtu d'un habit bleu-clair, gilet fond blanc brodé, grosse cravatte, frisé & poudré à blanc. Le soussigné a eu quelque relation avec lui dans le temps de son administration provisoire au département de police; ainsi il n'a pu se tromper, & n'a pas osé s'approcher d'assez près pour entendre ses discours, dans la crainte d'en être reconnu ; mais ayant aperçu un de ses collègues au bureau de la liquidation générale, le sieur Lefevre, demeurant rue du cimetière Saint-Nicolas, maison de la dame Vignon, veuve du procureur au ci-devant parlement, il lui fit remarquer le sieur Manuel dont tout l'extérieur annonçoit le contentement le plus entier. *Signé* MASEREY, employé au bureau de liquidation, citoyen actif de la section du Palais royal, rue de la Sourdière, cul-de-sac des Jacobins.

N.° XXIV.

Evénemens de la journée du mercredi 20 juin 1792.

ANNE-JEAN-AUGUSTE RULHIERE, colonel de la vingt-neuvième division de Gendarmerie nationale, fait rapport que le mercredi 20 juin, suivant les ordres qu'il avoit reçus quelques jours auparavant, il a fait rassembler à dix heures du matin, à la place de Vendôme, les huit compagnies de la division pour la revue de M. de Curny, commissaire des guerres: Qu'à dix heures & demie, M. de Wittinghoff est venu à la place Vendôme & s'est mis à la tête des deux premiers escadrons qu'il a emmenés avec lui à la place du carousel, en disant que le commissaire des guerres, après avoir passé la revue des troisième & quatrième escadrons, viendroit au carousel pour également passer la revue des deux premiers qui alloient s'y rendre: Qu'arrivés à cette place, le général a fait faire un mouvement par lequel la troupe s'est formée sur deux lignes en bataille, le dos tourné aux Tuileries & faisoit face à l'hôtel de Longueville; que vers midi, le commissaire a passé la revue & a dit à lui colonel, que la totalité des officiers & gendarmes présens étoit de deux cent soixante-six: Que vers deux heures de l'après midi, M. Gombault, quartier-maître-trésorier de la division, est venu à lui colonel qui étoit toujours resté à cheval, & lui a dit que les pétitionnaires du faubourg Saint-Antoine défiloient à ce moment dans la salle de l'Assemblée; qu'il avoit entendu le discours de l'orateur, & la lecture d'une lettre de M. Santerre; qu'il en résultoit que cette troupe n'entreroit pas au château, & qu'elle avoit laissé sur le bureau la pétition qu'elle avoit préparée pour le Roi, en priant l'Assemblée de la remettre elle-même à Sa Majesté: Que cette nouvelle s'accordant avec ce que lui colonel voyoit par la disposition & la marche des pétitionnaires du fauboug Saint-Antoine, puisque cette colonne traversant le jardin des Tuileries sous les fenêtres du château, sortoit par la porte du jardin qui est vis-à-vis le Pont-royal, arrivoit dans le carousel par le guichet Marigny, faisoit le tour de la place & que sa tête étoit déjà parvenue à la rue Saint-Nicaise pour regagner la rue Saint-Honoré; lui, colonel, a cru pouvoir descendre de cheval & permettre à une partie de sa troupe d'en faire autant: Qu'il est descendu & qu'il est entré dans la cour royale où il est resté quelques momens à causer avec un officier de Gendarmerie, du département d'Eure & Loire: Qu'à trois heures & demie il apperçut deux officiers municipaux qu'il connoît pour être électeurs, MM. Boucher-René & Mouchet, que le premier étoit revêtu de son écharpe, & tous deux en habits noirs; qu'il les a salué & leur a parlé de l'événement du jour; que ces Messieurs ont dit qu'on alloit admettre vingt des pétitionnaires des fauboùrgs Saint-Antoine & Saint-Marcel pour aller porter au Roi leur pétition: Que sur l'observation que quelqu'un a faite des inconvéniens qui en pourroient résulter, M. Mouchet a répondu que le droit de pétition étoit un droit sacré: Que lui colonel a continué sa conversation avec son ami, en se promenant; que M. Pinon est arrivé, l'air effrayé, & a dit que toute la troupe qui défiloit vouloit absolument entrer dans le château; qu'alors le guichet de la porte royale a été fermé, mais que dans l'instant & après plusieurs coups assez foibles donnés au dehors dans la porte, les deux battans ont été ouverts sans violence, & qu'alors toute la foule est entrée dans la cour, & de la cour a monté dans le château: Que lui colonel a entendu dire que MM. les officiers municipaux avec lesquels il venoit de causer, & qui étoient passés près de la porte; avoient donné l'ordre aux gardes nationaux qui gardoient cette porte dans l'intérieur, de l'ouvrir & de laiſſer entrer les pétitionnaires. Ce 26 juin 1792, l'an quatrième de la Liberté. *Signé* RULHIERE.

N.° XXV.

Rapport de Pierre Moiteaux.

PIERRE MOITEAUX, gendarme de la vingt-neuvième diviſion de gendarmerie nationale, compagnie de Gabriel, ſection de la Grange, demeurant à Paris rue Saint-Thomas du Louvre, n.° 21, maiſon de M. Lamy, fait rapport que mercredi dernier 20 juin, heure de midi, étant de ſervice au poſte du carouſel, *il fut placé en vedette à la guérite à droite* attenant la porte royale du château des Tuileries, & qu'il lui fut donné la conſigne de ne laiſſer entrer perſonne au château, ſans carte, & de ne ſouffrir aucun attroupement devant leur poſte: Qu'environ une heure après, cette conſigne fut changée, & qu'on lui donna l'ordre de ne laiſſer entrer au château aucune perſonne, avec ou ſans carte, mais toujours en laiſſant ſubſiſter partie de la première conſigne, de ne ſouffrir aucun attroupement devant la porte royale: *Qu'à une heure & demie environ un groupe de quarante particuliers* qui s'étoient réunis par demi-douzaine, *ſe préſenta à la porte royale* pour entrer au château; que lui ſieur Moiteaux & le nommé Foret qui étoit également de vedette de l'autre côté de la porte, s'opposèrent à leur entrée, & leur dirent de ſe retirer; que l'un de ces particuliers qui étoient armés de fuſils, de piques & autres armes, lui dit qu'ils vouloient entrer de force ou de bonne amitié; que cependant ils ſe ſont retirés: Qu'environ deux heures & demie, une multitude conſidérable ſe joignit au premier grouppe, & ſe préſenta également armé de fuſils, de piques, &c.; à la porte royale, que lui & le ſieur Foret leur dirent également qu'ils ne pouvoient pas entrer, *& qu'au même instant le guichet de la porte fut fermé;* qu'alors *ils démasquèrent une pièce de canon qu'ils avoient avec eux, & la pointèrent sur la porte,* & que si elle n'a pas été tirée, ce n'a été que par des cris répétés dans l'intérieur de la cour, *on ouvre la porte;* qu'effectivement elle s'ouvrit & que la multitude se précipita pour entrer.

Le sieur Moiteaux fait également rapport *qu'à une heure environ, trois particuliers se sont présentés à la porte pour entrer;* qu'il leur dit qu'ils avoient ordre de ne laisser entrer qui que ce soit, avec, ou sans carte; que ces trois particuliers se déclarèrent être officiers municipaux, & qu'effectivement ils montrèrent leurs écharpes; que néanmoins ils persistèrent à ne les point laisser entrer, mais qu'un commandant de bataillon qui étoit au château, & qu'ils avoient fait avertir, parut & les fit entrer.

Certifié véritable ce 26 juin 1792. Signé MOITEAUX.

N.° XXVI.

RAPPORT de M. Lassus. Événemens de la journée du 20 juin 1792.

JEAN-BAPTISTE-LOUIS-FRÉDÉRIC LASSUS, premier capitaine de la vingt-neuvième division de la Gendarmerie nationale à cheval, demeurant à Paris, rue de Berry au Marais, fait rapport que le mercredi 20 juin présent mois, étant à la place Vendôme avec partie de la division rassemblée, il reçut l'ordre à environ dix heures du matin, de se porter à la place du carousel, pour passer la revue du commissaire des guerres; qu'il s'y rendit & fut placé vis-à-vis la porte royale, où il resta en bataille; qu'il y avoit dans la place plusieurs compagnies de grenadiers & beaucoup d'infanterie, & que deux pièces de canon qui étoient placées à la porte du château, étoient dirigées vers la rue Saint-Nicaise. Dans le le moment il demanda à M. Rulhiere quels étoient ses ordres; & qu'il lui répondit qu'il n'en avoit aucun, mais qu'il croyoit que la troupe étoit là pour soutenir la garde nationale.

Vers les trois heures & demie, il se présenta à la porte deux officiers municipaux avec leurs écharpes, qu'alors il leur fit ouvrir le passage, ainsi qu'à environ trente particuliers qui les suivoient, & qu'il crut être une députation, & qu'aussitôt il fit masquer la porte par sa troupe. Un quart-d'heure après arriva une colonne considérable ayant du canon à sa tête, & qu'elle parvint sans aucun obstacle jusqu'à la porte, & que ce fut avec surprise qu'il la vit diriger ses pièces contre la porte du château; que dans ce moment les deux battans ont été ouverts par les gardes qui étoient dans l'intérieur, & que la foule est entrée sans opposition. A Paris le 27 juin 1792. *Signé* LASSUS.

N°. XXVII.

RAPPORT de M. Louis Marotte, Adjudant.

M. LOUIS MAROTTE, adjudant de la vingt-neuvième division de la gendarmerie nationale, demeurant rue de Crussol, maison de M. Sourdeval, maître paveur, fait rapport que mercredi dernier 20 juin, étant place du carousel avec le détachement de la division, & se trouvant à cheval à côté de la guérite d'une des vedettes attenant la porte royale du château des Tuileries, environ une heure & demie après-midi, une quarantaine de particuliers en bourgeois & en uniforme de la garde nationale, armés de fusils, de piques & autres armes, se présentèrent à la porte royale, & que l'un de ces particuliers dit: « Nous voulons entrer, & nous entrerons; nous ne voulons point de mal au Roi, & on ne sauroit nous empêcher de pénétrer jusqu'à lui »; & qu'aussitôt le guichet de la porte fut fermé; qu'à ce même inſtant, un grenadier qui étoit du nombre de ces quarante particuliers, porta la croſſe de ſon fuſil à l'épaule, & coucha en joue, comme pour tirer au travers de la porte, mais qu'il en fut empêché par un particulier qui releva le canon de ſon fuſil.

Que peu de temps après une multitude innombrable armée également de fuſils, de piques, &c. ſe joignit à ce premier groupe, frappèrent à grands coups à la même porte dont on ouvrit le guichet, qu'il ne peut dire qui l'a ouvert, la guérite l'empêchant de voir juſque-là; qu'alors toute cette multitude ſe précipita en foule pour entrer, & qu'enſuite la porte fut ouverte en entier.

Qu'étant reſté avec le détachement, il ne peut dire ce qui s'eſt paſſé dans l'intérieur des cours & du château.

Certifié véritable ce 26 juin 1792. *Signé* MAROTTE.

N.° XXVIII.

RAPPORT de Jean Forêt.

JEAN FOREST, gendarme de la vingt-neuvième diviſion de gendarmerie nationale, compagnie de Gabriel, ſection de la Grange, demeurant à Paris, rue du Colombier, faubourg Saint-Germain, n.° 13, fait rapport que mercredi dernier, 20 juin, préſent mois, étant de ſervice au poſte du carrouſel *il fut poſé en vedette avec le nommé Moiteau, ſavoir Moiteau à la droite de la porte royale, & lui à la gauche,* place du carouſel; qu'il reçut pour conſigne, de ne laiſſer entrer perſonne ſans carte, & de ne ſouffrir aucun attroupement devant la porte royale: Qu'environ une heure après, un commandant qu'il croit être le commandant général de la garde nationale, vint changer la conſigne, & donna ordre de ne laiſſer entrer perſonne avec ou ſans carte: Qu'un inſtant après, il ſe préſenta *trois particuliers à qui le sieur Moiteau & lui, refusèrent l'entrée, qu'ils se déclarèrent officiers municipaux, firent avertir quelqu'un du château, & qu'enfin ils entrèrent ;* qu'il ne pourroit cependant pas dire qui les a fait entrer, étant en ce moment occupé à faire filer les personnes qui se rassembloient devant la porte royale : Qu'à une heure & demie environ, il se présenta un groupe qui s'étoit réuni par petits pelotons, & demanda à entrer ; que lui sieur Forest les pria de se retirer, & *qu'un d'entr'eux armé d'une espèce de couperet attaché au bout d'un long bâton, le menaça, ainsi qu'un autre particulier, qui le pointa avec sa pique, en lui disant : nous entrerons, ou tu périras ;* & que pour éviter le coup qui le menaçoit, il se retira & se rangea avec le détachement qui étoit sur la place, près de lui : Que peu de temps après, une grande multitude armée joignit le premier groupe, & se présenta également pour entrer ; que lui sieur Forest qui avoit repris son poste, & le sieur Moiteau, leur dirent qu'ils ne pouvoient entrer ; qu'alors la porte du guichet se ferma, *& qu'ils pointèrent une pièce de canon pour l'enfoncer ; qu'on leur cria que la porte alloit s'ouvrir, & qu'ils ne tirèrent point ; que la porte ouverte, ils se précipitèrent, en foule, dans la cour royale,* & montèrent au château, & qu'il ne peut rendre compte du surplus des événemens.

Certifié véritable le 26 juin 1792. *Signé* FOREST.

N.° XXIX.

Déclaration du Chef de la sixième légion de la garde nationale Parisienne.

DANS la journée du 20 juin 1792, je n'étois pas de service au château des Tuileries. M. Romainvilliers, commandant général, m'avoit recommandé la veille de m'y trouver : j'y étois rendu avant dix heures du matin. Il ne m'attacha à aucun poste fixe.

Dès l'inſtant de mon arrivée juſqu'à celui où j'ai été près de la perſonne du Roi, j'ai conſtamment & ſucceſſivement paſſé des cours dans le jardin & ſur le carouſel, pour y voir la diſpoſition des différens bataillons volontaires ou des autres corps. Je me ſuis approché plusieurs fois de MM. les officiers municipaux, dont la ſécurité & les diſcours ſur la marche de ce raſſemblement devoient raſſurer contre tout évènement ſiniſtre.

Après avoir vu l'arrivée de la tête de cette colonne auſſi biſarrement compoſée, débouchant du petit carouſel, & deux de ſes pièces de canon placées en batterie ſur le carouſel, je ſuis rentré dans la cour royale. Vers trois heures, j'ai paſſé ſur la terraſſe du château, où me portant tantôt ſur un point, tantôt ſur un autre, j'examinois la figure, l'accoutrement, les différentes armes, les enſeignes, les affections différentes des individus des deux ſexes de cette horde mélangée avec des gardes nationaux. En général les viſages étoient aſſez rians : des cris à bas le *veto*, des expreſſions groſſières, & même quelques menaces à des gardes nationaux rangés en bataille, n'occaſionnoient aucun dérangement ni aucune ſuſpenſion dans la marche du cortège.

Vers les trois heures & demie, en me tournant vers le château, ma ſurpriſe a été extrême à la vue de gens mal vêtus, courant ſur l'appui de la baluſtrade de la terraſſe qui communique à l'appartement du Roi. Je ſuis accouru avec rapidité à la grille du château ; j'ai traverſé la galerie au milieu d'une quarantaine d'hommes à pique, allant & venant. Des grenadiers poſés à la porte battante de cette galerie leur refuſèrent le paſſage, & ils n'inſiſtoient pas ſur la terraſſe. J'ai vu pluſieurs grenadiers s'oppoſant au franchiſſement des croiſées par des hommes mal vêtus.

J'ouvre la porte de la ſalle, vulgairement appelée l'*œil-de-bœuf*; j'aperçois le Roi entouré par MM. le maréchal de Mouchy, Acloque & deux ou trois autres perſonnes. Il m'appelle par mon nom, j'accours; au même inſtant un grenadier volontaire, un chapeau ſur la tête, un fuſil à la main, lui dit : *Sire, n'ayez pas peur.* — *Non*, a répondu le Roi, *je n'ai pas peur : mettez la main ſur mon cœur, il eſt pur ;* & la lui preſſant, il l'appuie avec force ſur ſa poitrine.

A l'inſtant, des coups de maſſue & d'autres inſtrumens ébranlant la porte & enfonçant des panneaux, le Roi ſe décide à monter ſur l'appui d'une fenêtre; nous nous rangeons au-devant de lui : à ſes ordres le ſuiſſe ouvre la porte. Je ne décrirai point ici tout ce qui a trait au déſordre qui a ſuivi l'irruption de la multitude dans la ſalle, aux différentes ſcènes qui s'y ſont paſſées, parce que je n'eſquiſſerois que foiblement les faits rendus dans la déclaration de M. Acloque : élevé ſur une banquette, il a été plus à portée que moi de mieux voir tout le ſcandale dont nous avons été témoins. Je préſenterai ſeulement ce que j'ai cru devoir faire pour empêcher la continuation du déſordre après la rentrée du Roi & de MM. les députés de l'Aſſemblée nationale dans la chambre du lit de parade, où j'ai paſſé avec eux.

Cette pièce & la ſalle du conſeil étoient garnies d'un grand nombre de grenadiers & de volontaires fuſiliers. Bientôt le peuple s'étant mis à frapper avec violence & à coups redoublés à la porte, j'ai voulu engager MM. les députés à ſe préſenter à cette porte au nombre de deux ou trois à l'effet d'en impoſer au peuple, les aſſurant de les entourer du nombre de volontaires qu'ils déſireroient. Ils m'ont répondu que leur miſſion expreſſe étoit de reſter auprès de la perſonne du Roi, & qu'ils ne s'en ſépareroient pas.

J'ai donc pris ſur moi de faire former deux haies de volontaires & de faire ouvrir un des battans de la porte; la multitude a traverſé la chambre du lit de parade, la ſalle du conſeil, la galerie paiſiblement & ſans commettre aucun dégât. Quelques factionnaires faiſoient filer le monde ſans éprouver de réſiſtance. A la chute du jour, je me ſuis tranſporté au poſte de l'appartement de la Reine; j'ai demandé aux gardes nationaux d'engager le public à se retirer. Nous avons trouvé peu d'opposition, de la part seulement de deux ou trois hommes en redingotte déchirée; ils ont voulu clabauder, se plaignant d'avoir été amusés & menaçant de revenir & d'obtenir ce qu'ils demandoient.

Les portes fermées, je suis rentré dans la salle du conseil. Une seconde députation de l'Assemblée Nationale arrivoit pour relever la première. J'en prévins le valet-de-chambre, & la députation ayant été introduite près du Roi, je la suivis. J'ai demandé au Roi la permission pour les chefs de légion, de veiller près de sa personne. Il me l'a accordée: M. Mandat & moi avons passé la nuit dans la salle du conseil.

Pour satisfaire à la volonté de MM. les administrateurs du département, & dans la persuasion intime où je suis que les chefs de légion doivent un compte de leur conduite pendant cette journée, j'ai l'honneur de la soumettre à MM. les administrateurs & de les assurer de la sincérité & de l'exactitude de ma déclaration.

A Paris, le 28 juin 1792. Le chef de la sixième légion.

Signé DE LA CHESNAYE.

N. XXX.

Déclaration faite à MM. du Directoire du département de Paris, par M. Leclerc, adjudant-général de la première légion de la garde nationale Parisienne, sur le fait dont il a été témoin dans la journée du 20 juin 1792.

D'APRÈS les ordres de M. le commandant général, j'ai rassemblé les bataillons de Saint-Antoine, des Minimes, des

Blancs-Manteaux, des Capucins, & je les ai placés dans le jardin des Tuileries, ſur la terraſſe du bord de l'eau. A trois heures & demie de l'après midi, les citoyens-ſoldats de ce bataillon ayant entendu des cris, & s'étant apperçus que les portes du château avoient été forcées, me demandèrent ſi je les avois amenés pour être témoins d'un tel ſpectacle; mais aucun d'eux n'abandonna ſon poſte.

M. Laboureur, chef de la première légion par intérim, leur donnoit l'exemple de la ſubordination. Il me donna ordre d'aller voir ce qui ſe paſſoit au château; j'y allai, & préſumant que je ne pourrois pas y pénétrer par le grand eſcalier, je me portai du côté de l'appartement de la Reine. Les portes étoient ouvertes, & ceux qui y étoient entrés, frappoient avec divers inſtrumens pour enfoncer la porte de communication de l'appartement de la Reine à celui du Prince royal. Je retournai ſur mes pas, & traverſant la ſalle du billard, j'arrivai dans la ſalle du conſeil où ſe trouvoit le bataillon de Nazareth, troiſième légion, avec pluſieurs grenadiers de différens bataillons. J'approchai de la porte de communication de l'appartement du Prince royal; à l'inſtant la Reine entra dans la chambre du conſeil avec le Prince-royal, Madame-royale, ſuivie de meſdames Lamballe, Tourzelle, de Mau, de Soucy. La Reine paroiſſoit fort inquiéte; elle fut bientôt raſſurée lorſqu'elle aperçut la garde nationale, & Sa Majeſté annonça ſa ſatisfaction & ſa confiance, en diſant qu'elle ne pouvoit pas être trop près d'elle. Elle me demanda enſuite où étoit le Roi: je l'aſſurai que les jours de Sa Majeſté étoient en ſûreté, & qu'il étoit entouré de la garde nationale.

M. de Wittengoff, lieutenant-général de la dix-ſeptième diviſion de la troupe de ligne, eſt entré enſuite tenant d'une main une femme, & de l'autre un bonnet rouge. Il l'a placé ſur la tête de la Reine, qui a parlé avec beaucoup de bonté à cette femme. Sa Majeſté a pris enſuite le bonnet rouge des mains de Wittengoff, & l'a mis ſur la tête du Prince royal. A ce moment, eſt arrivé Santerre, commandant du bataillon des Enfans-trouvés; il a cherché à tranquilliſer la Reine, & lui a dit qu'on la trompoit, que le peuple ne vouloit pas faire du mal, & qu'il alloit défiler devant elle. Alors M. Santerre a prié de faire place en face de la Reine, afin que le peuple puiſſe la voir ainſi que la famille royale; & il a reſté dans la chambre à l'effet de faciliter le défilé. Quelques perſonnes ont inſulté la Reine, & on a droit de reprocher à ceux qui ont forcé les portes du château à coups de hache, les excès de violence qu'ils ont commis, & d'avoir frappé à la main M. Laſne, capitaine des grenadiers du bataillon de Saint-Antoine, première légion, qui, avec quelques grenadiers, étoit à la porte intérieure de l'appartement.

Tels ſont les faits dont j'ai été témoin.

L'adjudant général de la première légion. *Signé* LE CLERC.

N.° XXXI.

ADDITION au rapport que le Commandant général a eu l'honneur de préſenter au Département.

JE viens de lire dans le rapport de M. le maire, intitulé: *Conduite de M. le maire à l'occaſion du 20 juin:*

» Remarquez *(page 8)* que le commandant général regardoit » cette meſure (c'étoit la réunion de toutes les armes & de tous » les habits), comme ſi prudente, ſi néceſſaire, que lui-même la » demandoit. »

M. le maire a oublié que le commandant général s'eſt toujours fortement oppoſé à cette meſure qu'il regardoit comme l'occaſion du plus grand déſordre, & qu'au contraire, il a toujours ſoutenu que les bataillons de Paris ne pouvoient reunir ſous leurs drapeaux,

drapeaux, que ceux qui étoient enrôlés ſous le même drapeau; & le fait qu'il avance eſt ſi vrai, que M. le procureur de la commune, après le diſcours le plus énergique & le plus véhément, conclut qu'il falloit réunir tous les citoyens de la ville ſous un même drapeau : le commandant général s'y eſt oppoſé avec tant de force & de bonnes raiſons, qu'après de grands débats, l'opinion de M. le procureur-ſyndic ne fut pas adoptée.

L'heure preſſoit, il étoit onze heures; je demandois avec inſtance un ordre; il en falloit un, pour raſſembler les bataillons de l'armée; & enfin ſortit à onze heures & demie l'arrêté qui eſt joint à mon rapport.

M. le Maire ajoute : « Que, ſans doute, le commandant » général a gardé dans ſa poche, un arrêté qu'il étoit bon de » faire connoître, au moins à la garde nationale de ſervice » au château. »

Sans doute cet arrêté n'a pas été montré, & il ne pouvoit l'être. Le commandant général obligé d'expédier des ordres à tous les bataillons, conſumoit du temps à faire paſſer ces ordres, & il ne put être rendu au château qu'à plus d'une heure. Il trouva quelques bataillons, & ſucceſſivement il en arriva aſſez pour garnir la petite terraſſe qui eſt devant le château, qui étoit le poſte le plus important pour empêcher le château d'être aſſailli du côté du jardin.

Ceux qui arrivèrent après, furent placés ſur la terraſſe du côté de l'eau, pour empêcher de franchir les terraſſes, ce qui commençoit à arriver. Le commandant étoit moins inquiet pour le côté du carouſel, ſur lequel étoient quatre bataillons, & le guichet de Marigny étoit gardé par un bataillon.

Comment le commandant général eût-il pu lire aux bataillons un arrêté? à peine avoit-il le temps de faire ſes diſpoſitions.

Un arrêté doit être connu par l'affiche; de plus, nombre d'officiers municipaux étoient ſur le terrain donnant des ordres, ils auroient pu le faire connoître plus à leur aiſe, & c'étoit leur fonction.

M. le maire dit *(page 9)*: » Je ne ſais comment la file fut » rompue : les citoyens ſe préſentèrent à la porte royale, déſiroient » entrer par cette porte & y frappoient. »

M. le maire n'a qu'à conſulter les officiers municipaux qui étoient à la tête de cette file, & il le ſaura (j'en ai déjà rendu compte dans mon rapport).

M. le maire dit *(page 12)* « qu'on ne trouvoit le commandant » général nulle part. »

M. le maire veut bien ne pas ſe ſouvenir que dès qu'il eut harangué les citoyens qui étoient dans *l'œil-de-bœuf*, le commandant général ne ceſſa de ſe preſſer de faire évacuer non ſeulement les appartemens, mais même les cours qui étoient abſolument remplies, & qu'ils deſcendirent enſemble dans les cours, où il harangua, & enfin emmena avec lui la foule qui obſtruoit ces cours.

Telle eſt la vérité des faits, & je certifie qu'elle n'eſt altérée en aucune manière.

Signé Le commandant général, DE ROMAINVILLIERS.

N°. XXXII.

LE nommé Pierre-Joſeph Bron, ſuiſſe de la porte royale du château des Tuileries, dit qu'il avoit reçu l'ordre de tenir ſa porte fermée, & de ne l'ouvrir que ſur la demande des ſentinelles.

Que ſur les deux heures & demie, les ſentinelles reçurent la conſigne de ne laiſſer entrer qui que ce ſoit, pas même ceux qui avoient des cartes d'entrée dans les Tuileries.

Que vers les trois heures & demie ou quatre heures, il eſt venu un officier municipal en écharpe, dont il ignore le nom, de petite taille, ayant peu de cheveux, &, à ce qu'il croît, en habit verd, qui a fait ouvrir le guichet ; que cet officier municipal s'est tenu quelque temps sur la porte du guichet ouverte, parlant au nom de la loi au peuple qui étoit en dehors, pour l'engager à se retirer ; mais que dans l'instant le peuple voulant forcer les deux sentinelles, dont un grenadier, ont levé les bascules de la grande porte, qui a été ainsi ouverte, & par laquelle la foule est entrée.

Qu'au surplus cela s'est passé en si peu de temps & la foule a été si grande, qu'il ne peut rendre compte avec précision de toutes les circonstances.

N.° XXXIII.

Déclaration du sieur Desmousseaux.

N'AYANT rempli aucune fonction publique pendant la fatale journée du 20, je ne croyois pas devoir donner la déclaration des faits dont j'ai pu avoir connoissance comme simple citoyen, mais puisque le département m'en demande une, je n'ai aucune raison qui m'engage à la refuser.

Je n'entrerai point dans le détail des faits qui ont précédé ce jour malheureux ; ils sont assez connus, & je me borne à dire que M. le procureur de la commune ayant rempli ses fonctions, le samedi 16, au conseil général, le lundi 18 & le mercredi 20 au corps municipal. il ne m'en est resté aucune à exercer.

Je n'en étois pas plus calme. Le mardi soir vers les neuf heures, je fus moi-même au faubourg Saint-Antoine; je vis sortir de l'église des Enfans-trouvés, une foule assez considérable d'hommes & de femmes, & j'appris que cette foule provenoit d'une séance de la section des Quinze-vingts, que, depuis, on m'a dit être ordinairement publique. J'apperçus plusieurs groupes & un mouvement général qui présageoient assez le mouvement prédit pour le lendemain.

J'étois trop connu pour écouter ou questionner avec fruit, & je me retirai. Je n'instruisis personne de mes observations, le rassemblement du lendemain étant trop bien annoncé pour que j'eusse besoin d'en informer personne. Le lendemain j'appris, dès huit heures, que le rassemblement s'effectuoit; je courus sur le champ rue Saint-Avoye, hôtel d'Asnière, pour en prévenir le commandant général; je ne l'y trouvai pas, ni personne de l'état-major. J'allai chez lui rue Chapon: lorsque j'y arrivai, j'apperçus sa voiture qui partoit, suivie d'un cavalier. Je fis avancer la mienne & je le rejoignis rue Saint-Martin, au coin de celle aux Ours; je lui communiquai mes renseignemens. Je l'invitai à s'entourer promptement de son état-major, & à prendre sans délai toutes les mesures que son devoir & sa prudence lui dictoient. Il me répondit qu'il alloit à la mairie, où M. le maire l'avoit prié de passer; qu'il lui demanderoit ses ordres par écrit; qu'il trouveroit sûrement une partie de son état-major aux postes des Tuileries. J'étois de retour à l'hôtel-de-ville à neuf heures du matin. M. le procureur de la commune étoit à son poste. Je passai dans la grande salle, je ne vis aucun officier municipal. Je rentrai chez moi; j'y trouvai une circulaire de M. le maire, qui convoquoit le corps municipal *à l'instant.* Je croyois que sa réunion ne s'effectueroit guère avant dix heures & demie; j'expédiai quelques affaires & je retournai à la maison commune vers les dix heures & demie, croyant le trouver assemblé; la séance se levoit: je rentrai dans mon cabinet. A une heure j'appris que M. le maire, que je croyois parti depuis long-temps, étoit encore dans le lieu où se tiennent les séances du bureau municipal; j'y entrai; il y étoit avec M. le procureur de la commune & quatre ou cinq officiers municipaux, & entre autres; autant que je puisse m'en rappeller, MM. Hu & Patris. Je m'informai si l'on avoit des nouvelles; & ces Messieurs me parurent en général convaincus que tout se passeroit bien. Mes inquiétudes n'étoient cependant pas détruites; je revins chez moi pour y prendre mon écharpe, me porter vers les Tuileries & m'en servir à tout évènement. C'étoit une erreur de ma mémoire, elle étoit restée à la maison commune; mon impatience ne me permit point d'attendre qu'on l'y fût chercher, je m'acheminai vers les Tuileries. Près d'y arriver, je rencontrai M. Cousin, officier municipal; nous parcourûmes le jardin & nous n'y vîmes pas une très-grande foule. En sortant par la porte du manège, nous apperçûmes au milieu de la foule, en entrant & sortant, M. Mouchet revêtu de son écharpe; nous en fûmes étonnés, mais il nous apprit qu'il avoit été placé là pour faire filer, tout le long de la cour du manège, le rassemblement armé qui venoit de traverser l'Assemblée Nationale, & qu'il avoit eu beaucoup de mal à lui faire prendre la direction vers le carousel. Ne voyant plus d'hommes armés, M. Cousin & moi lui dîmes: *Ne restez pas ainsi dans la foule avec votre écharpe.* Cela nous paroissoit inutile d'abord, & ensuite peu conforme à la dignité dont elle est le signe. Nous continuâmes notre chemin vers l'Assemblée Nationale; nous apperçûmes quelques hommes armés courant les uns après les autres & dirigeant leur course vers la place du petit-carousel. Nous croyions que la colonne étoit finie; nous apprîmes bientôt qu'il y en avoit une immense le long de la rue Saint-Honoré; nous y fûmes par la rue du Dauphin. Nons entrâmes au directoire, dans l'intention de l'informer des faits dont nous venions d'être les témoins; il étoit assemblé, & n'ayant aucune mission officielle, nous ne demandâmes point à y être admis, mais nous fîmes appeller M. Desmeunier, auquel nous communiquâmes tout ce que nous avions vu; puis nous rentrâmes aux Tuileries.

La colonne armée filoit alors le long de la terrasse attenant le château, quelques individus de cette colonne criant *vive la nation, à bas le veto*, & autres propos de cette nature. Nous crûmes que cette colonne retournoit dans ses quartiers, & que cette journée se passeroit sans événemens malheureux; nous sortîmes par la cour du manège, M. Cousin dans l'intention de se rendre à l'académie, & moi dans celle de regagner mon domicile par la place du carousel. Arrivés là vers quatre heures & demie, nous y trouvâmes avec étonnement, la foule armée au milieu de plusieurs bataillons de gardes nationales & de quelques piquets de cavalerie postés sur cette place. Arrivés proche les écuries de la gendarmerie, nous aperçûmes la multitude dirigeant sa marche vers la porte de la cour royale; cette porte s'ouvrir, & quelques minutes après le château fut envahi. Nous n'en pouvions croire nos yeux; nous ne pouvions concevoir comme une force publique considérable dont la manœuvre eût facilement bouché les passages, & dont la résistance, *même passive*, eût suffi pour rompre les colonnes de la multitude & prévenir son introduction dans les appartemens, restoit inactive. En ce moment, je me trouvai séparé de M. Cousin: il étoit environ quatre heures & demie c'est alors que je regrettai bien amèrement de ne point avoir mon écharpe. Je parcourus la place du carousel, cherchant quelques officiers de la garde nationale; je fus reconnu par M. Potier l'aîné, volontaire du bataillon de . . . . . . & de M. Sallior, caporal dans le bataillon des petits-Pères: je parlai aux deux commandans & aux sous-commandans de ce dernier bataillon; je leur demandai s'ils n'avoient point d'ordre; ils me répondirent négativement en m'exprimant les sentimens pénibles qu'ils éprouvoient. L'un d'eux, M. Perret, me dit qu'ayant voulu défendre l'entrée des guichets à la colonne armée qui sortoit des Tuileries par la porte du pont royal, selon la consigne qu'il en avoit reçue, il étoit survenu deux officiers municipaux, dont l'un se nommoit M. Patris ; *qui avoit levé cette consigne & favorisé l'entrée de cette colonne.* J'engagai ces commandans d'envoyer chacun de leur côté un officier au château, pour y recevoir les ordres qui peut-être se trouveroient interceptés. Il survint au même instant un adjudant-général ; je m'empressai de lui demander s'il apportoit des ordres à la garde nationale : ses réponses dont je ne me rappelle pas bien les termes, laissèrent dans mon esprit l'intime conviction que la Garde nationale étoit sans commandement. Ce que cet officier m'apprit de positif, c'est que l'on conservoit l'espérance au château qu'il n'arriveroit aucun évènement funeste, & qu'il alloit chercher M. le maire. Dévoré d'inquiétudes & du regret de mon impuissance, je m'acheminai vers l'Hôtel-de-ville croyant y trouver le corps municipal assemblé: je n'y trouvai personne ; & je revenois aux Tuileries, vers les six heures, lorsque quelques personnes que je rencontrai sur le quai de l'école, & entr'autres M. Piorette, neveu de M. de la Martinière, m'apprirent qu'une députation de l'Assemblée Nationale, le maire & plusieurs officiers municipaux étoient auprès du Roi, & qu'enfin, une espèce d'ordre s'établissoit au milieu de ce désordre affreux. Accablé des sensations les plus pénibles, exténué de fatigues, je revins chez un ami, voisin de mon domicile.

Ce vingt-neuf juin mil sept cent quatre-vingt-douze, l'an quatrième de la liberté. *Signé* DESMOUSSEAUX.

N.° XXXIV.

Copie du rapport du Chef de la quatrième légion, sur la journée du 20 juin 1792.

J'ÉTOIS de garde le 20 juin au château, où ma garde est arrivée à onze heures au lieu de midi & demi. En arrivant, au lieu de relever les postes qui ne se relèvent qu'à une heure, j'ai envoyé deux détachemens de ma garde pour empêcher qu'on ne forçât la porte du manége & celle des Feuillans. Quand les autres bataillons, pour la défense du château, sont arrivés, j'ai fait relever les postes de la garde du Roi, & on a remplacé aux portes du manége & des Feuillans les deux détachemens que j'y avois envoyés.

J'étois à la grille du côté de la cour quand on a forcé la porte du carousel. M. Vanot, commandant en chef de Sainte-Opportune, s'est mis à crier : *Fermez la grille ;* des canonniers s'y sont opposés, en nous disant que nous voulions les faire égorger, & mille horreurs pareilles. J'ai eu beau parler, ainsi que M. Vanot, il n'a plus été possible d'en être les maîtres. Nous n'avons pu trouver le commandant général pour nous donner des ordres : le peuple nous avoit forcé. On m'a dit que c'étoient des officiers municipaux qui leur avoient fait ouvrir la porte du carousel. J'ai couru bien vîte pour tâcher de gagner l'appartement du Roi, par l'escalier de la cour des princes. Les grenadiers des Filles Saint-Thomas sont venus avec moi, & nous sommes arrivés au cabinet du Roi : il étoit déjà placé dans *l'œil-de-bœuf,* entre les mains de M. Acloque & de M. la Chesnaye. La Reine est arrivée dans ce cabinet avec le Prince royal, Madame Royale, & plusieurs dames de la cour; elle s'est assise à la table du conseil, ainsi que toute la cour. Trois rangs de grenadiers des Filles Saint-Thomas ont fait le cercle : la horde des factieux a défilé devant elle. M. Santerre étoit au côté droit, qui les faisoit défiler. On a apporté un bonnet de la liberté, que la Reine a mis sur la tête du Prince royal. M. Santerre, au bout de quelque temps, a dit : *Otez le bonnet à cet enfant, il a trop chaud.* Il étoit occupé à faire voir à cette horde la Reine & le Prince royal, en leur disant : *Regardez la Reine & le Prince royal.* Une femme, en passant & en regardant la Reine, s'est mise à pleurer & à sanglotter, M. Santerre a dit qu'elle étoit ſaoule. Cette ſcène a duré juſqu'à huit heures & demie, pendant tout lequel temps j'ai reſté auprès de la Reine. En foi de quoi j'ai ſigné le préſent rapport. A Paris, ce trente juin mil ſept cent quatre-vingt-douze, l'an quatrième de la liberté. *Signé* Le chef de la quatrième légion, MANDAT.

N.° XXXV.

RAPPORT de ce qui s'eſt paſſé dans le bataillon du Val-de-Grâce, & conduite des deux Commandans de ce bataillon, la journée du 20 Juin 1792, avec les pièces juſtificatives, à l'appui certifiées véritables par M. Saint-Prix, Commandant en chef, & dépoſées chez M. Hua, Notaire à Paris, rue des Foſſés-Saint-Germain-des-Près.

LE mardi 19 juin, à huit heures & demie du ſoir, une ordonnance de cavalerie apporta chez moi une lettre ſignée des adminiſtrateurs au département de police, par laquelle on me prioit de me rendre à neuf heures, chez M. le Maire, pour traiter avec lui d'un objet important (1). Je ne ſoupai point chez moi, je n'y rentrai qu'à onze heures, & me rendis à l'inſtant à la Mairie, où je trouvai MM. Santerre, Alexandre, Savin, tous trois commandans de bataillon; MM. Viguer & Panis, adminiſtrateurs au département de police. M. le Maire m'adreſſa la parole, & me dit: « Je vous ai fait prier de paſſer » ici, Monſieur, pour connoître les diſpoſitions de votre ſection » & de votre bataillon, ſur la pétition projetée pour demain, » & pour nous concerter ſur les meſures à prendre pour le main- » tien de l'ordre ». J'ai répondu: « Monſieur, il y a ſix ſemaines,

» j'aurois avantageusement pu vous faire connoître les dispositions » que vous me demandez; mais depuis cette époque il s'est » formé à la porte Saint-Marcel, un club qui fait fermenter les » têtes des citoyens auparavant paisibles; je sais seulement que » des motions y ont été faites, & que leur but est d'engager les » citoyens à se réunir en armes pour aller à l'Assemblée Nationale » & chez le Roi, présenter une pétition qui assurât que les hommes » de 1789 étoient encore-là, & qui déterminât le Roi à sanc- » tionner les décrets des prêtres non assermentés, & du camp de » vingt mille hommes, ou à s'expliquer définitivement. Je sais » encore, que ce soir, M. Santerre a écrit à ce club, pour l'en- » gager à se réunir au faubourg Saint-Antoine «. Je fus ici interrompu par M. Santerre, qui dit qu'on m'en avoit imposé; qu'une députation de ce club étoit venue le prévenir qu'on se joindroit au faubourg Saint-Antoine; qu'il avoit remis aux députés une lettre dont il avoit pu être fait lecture au club, mais qu'il n'avoit pas provoqué la réunion des faubourgs. M. le Maire a pris la parole, & a dit: « Mais voyons enfin, Messieurs, » à prendre les mesures convenables; j'attends les ordres du » département, je ne puis rien prendre sur moi ». Chacun a communiqué ses idées, & voilà quel a été mon avis.

J'ai demandé à M. le Maire, s'il connoissoit la rédaction de la pétition: M. Santerre a répondu, qu'il l'avoit communiquée à M. le Maire. « Puisque vous connoissez, ai-je dit, la » pétition & le point de réunion, je trouverois prudent que vous « vous rendissiez avec la municipalité au lieu du rassemblement; » que vous y lussiez l'arrêté du département; que vous fissiez » ensuite une proclamation tendante à représenter au peuple » qu'une pétition ne peut ni ne doit se faire en armes; que sa » démarche est illégale; que sans le respect dû aux autorités » constituées, la Constitution pour laquelle il a juré de mourir, » n'existe plus; que vous l'engageassiez à déposer ses armes; » que dans le cas où les citoyens ne consentiroient à s'en

» dessasir à l'instant, vous obtinssiez du moins qu'ils les dé-
« posassent avant d'entrer à l'Assemblée Nationale & chez le
» Roi. Vous offrirez enfin pour garant de sa sûreté, de le
» précéder avec la municipalité; alors vous pourrez donner l'or-
» dre au commandant général de commander tant de volontaires
» par bataillon, qui, placés sur le flanc à droite & à gauche de la
» municipalité, protégeroient la marche des pétitionnaires, &
» donneroient un caractère d'autant plus imposant à cette
» démarche, qu'elle seroit totalement dans les formes légales ».
Cet avis a paru frapper; mais M. le Maire, ne recevant point d'ordres ultérieurs à l'arrêté du département, a cru devoir ne rien prendre sur lui. Il étoit alors une heure & un quart du matin; nous nous retirâmes, & je priai M. le Maire de me faire passer les ordres qu'il croiroit nécessaires, & je l'assurai de leur scrupuleuse exécution. A peine fus-je rentré chez moi, qu'une nouvelle ordonnance m'apporte un ordre du commandant en chef du sixième bataillon, faisant par intérim les fonctions de chef de légion (2). A sept heures & demie une autre ordonnance de cavalerie m'apporte une lettre de M. le Maire, dont j'accusai la réception (3). Il est nécessaire ici d'observer que je reçus la nuit une lettre du président de la section des Gobelins (4), à laquelle je répondis ainsi ou à peu-près; je n'en ai point pris de copie. En vertu de l'ordre qui m'avoit été donné la nuit par le commandant faisant les fonctions de chef de légion, je fis rappeler dans le bataillon, & proclamer cet ordre (6). Le volontaire chargé de sa proclamation, le lut dans différens endroits tel qu'il est libellé, & dans d'autres le tronqua & le lut ainsi qu'il est attesté & avoué par le volontaire même, chez le commissaire de police de la section, qui a reçu sa déclaration en ma présence, en ces termes (7).

Fort des ordres que j'avois reçus la nuit, je l'ai communiqué à M. Leclerc, commandant en second, dont je m'honore d'être le camarade, & qui a partagé courageusement les dangers que j'ai courus dans cette journée. Nous nous rendîmes au poste, ou quartier général, que nous trouvâmes environné d'une multitude armée de piques, &c. & d'environ quarante volontaires tant officiers que grenadiers & fusiliers, les officiers & canonniers nécessaires au service de deux pièces de canon.

Déjà le peuple vouloit forcer les volontaires à l'accompagner. En vain nous lui représentâmes que nos ordres étoient opposés à la démarche à laquelle ils vouloient nous contraindre; en vain nous mîmes la loi sous ses yeux, comme nous l'avoit recommandé M. le maire; représentations, courage, efforts, prières, la loi, tout devint inutile: nous fûmes grièvement insultés, on voulut s'emparer de nos pièces de canons; alors nous prîmes le parti de mettre nos frères d'armes en bataille devant nos pièces pour les protéger. La troupe en bataille, nous apperçûmes que dans les rangs même il se faisoit des motions contre les ordres constitutionnels dont nous étions dépositaires; nous prîmes le parti de les lire en tête du bataillon & à la multitude attroupée: ressources inutiles. Le peuple cependant voyoit passer l'heure du rendez-vous, & craignoit de ne pouvoir rejoindre assez tôt le fauxbourg Saint-Antoine; il nous demanda un tambour pour l'accompagner; nous lui promîmes, il parut se calmer. Nous entrâmes au poste pour donner l'ordre au tambour; c'est pendant ce temps que des volontaires du bataillon engagèrent la foule à s'emparer des pièces; c'est alors que les canonniers jetèrent leurs bricolles sur les affûts, abandonnèrent leurs pièces, & donnèrent ainsi le signal au peuple de s'en emparer; ce qu'il fit à l'instant.

Se sentant soutenu par cet acte d'insubordination de la part des canonniers, les pièces avoient déjà fait environ trente ou quarante pas, que M. Leclerc & moi nous nous précipitâmes au-devant, les ordres d'une main & l'épée de l'autre: enfin nous les arrêtâmes. C'eſt là que courant les plus grands dangers, nous eûmes la douleur de voir que pas un de nos camarades, excepté l'adjudant, ne vint ſoutenir cet acte courageux & légal. Nous cédâmes à la force : j'appelai les canonniers, pour qu'au moins ils ſe chargeaſſent de la conduite de leurs pièces ; nous prîmes alors à témoin tous les citoyens qui étoient à leurs fenêtres & ſur leurs portes, que nous marchions contraints par la violence & l'inſubordination. Alors, & je l'ai ſu dans la journée, M. Longchamp, marchand braſſeur, citoyen de la ſection & capitaine de la troiſième compagnie, écrivit ſur le champ à M. le maire une lettre qui fut portée à la mairie par M. Leclerc, marchand épicier & volontaire du bataillon. (8)

J'entends faire la motion d'aller enlever mon drapeau ; j'ordonnai ſur le champ à l'adjudant de le porter chez moi avec quatre fuſiliers, pour le tenir prêt au paſſage de la troupe : nous nous rendîmes au faubourg Saint-Antoine. & de-là à l'Aſſemblée Nationale. Arrivés vis-à-vis l'hôtel de Noailles, nous donnâmes l'ordre au capitaine des canonniers, de ſe porter avec ſes pièces ſur la place du carouſel, pour nous rejoindre enſuite ſur le quai, vis-à-vis les guichets, après le défilé : il s'y rendit.

Rendu au pont-royal, à la tête du bataillon placé vis-à-vis les guichets, je priai mon collégue d'aller donner l'ordre au capitaine des canonniers de ſe porter à la tête du bataillon, pour nous rendre enſuite à notre quartier général. C'eſt en ce moment que les canonniers invectivèrent mon camarade, déſobéirent formellement à ſes ordres, ameutèrent la foule contre lui ; & il ſe retira après avoir été repouſſé par les canonniers & frappé par la multitude. Il ſe rendit vers moi, me fit ſon rapport, & nous nous aperçûmes enſuite qu'un bataillon de piques avoit croiſé notre drapeau & l'avoit ſéparé du centre. Nous dépêchâmes l'adjudant : alors le peuple voulut forcer les guichets du carouſel ; il ſe crut un inſtant repouſſé, & s'enflamma davantage, vint en force & contraignit mon bataillon à charger ses armes. En vain voulûmes-nous donner des ordres, ils ne furent point entendus, tant étoit grand le désordre. Pressés, menacés par la multitude, certains qu'on opposeroit la force à la force, nous prîmes le parti d'aller au-devant de la mort, qui étoit inévitable si l'on eût opposé de la résistance. Nous entrâmes dans le carousel, nous portâmes notre bataillon près de nos pièces, nous commandâmes le départ, & j'ordonnai au lieutenant des canonniers de porter ses pièces en avant, pour me ranger en bataille & partir par un à-droite. Alors cet officier des canonniers me dit : » Non, nous ne partirons point, il n'y a point ici de commandant, » nous nous en f.... nous ne partirons point, nous ne sommes point » venus ici pour rien ; le carousel est forcé, il faut que le château » le soit ; voilà la première fois que les canonniers du Val-de-Grâce » marchent, ce ne sont point des J.... F..... & nous allons voir ». Ensuite en indiquant le château de la main, il dit : « Allons, à » moi canonniers, *droit à l'ennemi* ». Il nous abandonna, *se porta* devant la porte de la cour royale, braqua ses canons ; la porte fut ouverte ; il se précipita dans la cour royale, il fit monter enfin une de ses pièces jusque dans la salle des cent-suisses : la foule se précipita dans le château.

L'asyle du Roi fut violé ; nous portâmes notre bataillon dans la cour royale, nous le mîmes en bataille derrière la gendarmerie ; la pièce de canon fut descendue au pied du grand escalier : je sommai les canonniers de la descendre dans les cours, de la reporter avec l'autre qui étoit placée cour des princes ; ils refusèrent constamment. Il étoit six heures & demie du soir ; je les rappelai à leur devoir de nouveau : alors ils vinrent avec un officier municipal, qui m'enjoignît de ne point faire enlever la pièce, d'y placer au contraire un peloton de grenadiers pour protéger son service en cas de besoin. Le demandai à l'officier municipal un ordre par écrit ; il me le donna, l'écrivit ſur mon chapeau qui lui ſervit de pupître (9).

Comme il avoit terminé l'ordre, on vint m'avertir que les canonniers avoient obéï, que la pièce étoit deſcendue; alors il ajouta ces mots (dans les cours des Tuileries). Nous raſſemblâmes nos pièces cour des princes, & nous commandâmes de nouveau le départ. Nouveau refus des canonniers, qui ne conſentirent à partir qu'à huit heures, quand nous leur eûmes perſuadé que le bataillon de Saint-Marcel étoit parti, & ſur-tout quand M. Santerre fut venu dire qu'il alloit partir auſſi.

PIÈCES JUSTIFICATIVES.

N.° 1.er A la Mairie, ce 19 juin 1792.

DÉPARTEMENT DE POLICE.

N.° I.r *Municipalité de Paris.*

Nous vous prions, Monſieur & concitoyen, de vous trouver ſans faute, à neuf heures ce ſoir, chez M. le Maire, pour traiter avec lui & nous, d'un objet important. *Signé* Les Adminiſtrateurs au département de police, VIGUER & PANIS.

N.° 2. *M. Saint-Prix, rue d'Orléans, faubourg Saint-Marcel.*

MON cher camarade, en vertu de l'ordre de M. le commandant général, je vous prie de vous tenir prêt à marcher avec votre bataillon au premier ordre, qui peut être très--prochain. *Signé* CAPITAINE, commandant en chef du ſixième bataillon, faiſant par intérim les fonctions de chef de légion. Ce 20 juin deux heures du matin.

N.° 3. *Paris 20 juin 1792, l'an quatrième de la liberté.*

Nous vous prévenons de nouveau, Monſieur, que vous ne pourrez pas vous réunir en armes; voici à cet égard, la lettre que nous envoient ce matin les membres du directoire.

« Nous avons reçu, Meſſieurs, votre lettre de cette nuit. » Nous ne croyons pas pouvoir en aucune circonſtance compoſer » avec la loi, que nous avons fait ſerment de faire exécuter; » elle nous trace nos devoirs d'une manière impérieuſe: nous « perſiſtons dans notre arrêté d'hier, concerté avec vous ».

D'après cette lettre, Monſieur, nous augurons trop bien de votre civiſme, pour ne pas eſpérer que vous vous y conformerez & que vous éclairerez vos concitoyens.

Signé les Maire & Adminiſtrateurs de la police. PÉTION;

M. Saint-Prix, commandant le dixième bataillon de la ſeconde légion, rue d'Orléans-Saint-Marcel.

N.° 4. *L'an 4.e de la Liberté, le 19 Juin.*

MONSIEUR, par l'arrêté que la ſection aſſemblée en ce moment, vient de prendre, je ſuis chargé de vous inviter de venir avec le bataillon que vous commandez, aſſiſter à la cérémonie que nous nous propoſons de faire demain, à l'effet de planter l'arbre de la liberté ſur la terraſſe des Feuillans. La ſection s'aſſemblera en armes ſur le boulevard de l'Hôpital, & en partira à huit heures du matin. Je ſuis avec conſidération, votre ſerviteur. *Signé* DESLIENS, préſident de la ſection.

N.° 5. Monſieur, mon bataillon ne peut marcher en armes que d'après une réquiſition légale. Les ordres que j'ai reçus cette nuit, ſont diamétralement oppoſés à votre demande. Comme citoyen je je me rendrai avec ma ſection, ſans armes. Comme commandant de bataillon, ſi je reçois des ordres ultérieurs qui m'autoriſent, je m'empreſſerai de vous rejoindre. J'ai l'honneur d'être, &c.

Signé SAINT-PRIX.

N.° 6. Tous les volontaires du bataillon du Val-de-Grâce, ſe rendront à l'inſtant au quartier général, pour être prêts à marcher au premier ordre. 20 juin 1792.

Signé SAINT-PRIX.

N.° 7. Tous les citoyens de la ſection ſe rendront au quartier général, armés des armes qu'ils voudront.

Signé SAINT-PRIX.

N.° 8. MONSIEUR LE MAIRE,

Je prends ſur moi de vous inſtruire que d'après l'ordre que vous avez ſignifié à notre commandant de bataillon, de ne point marcher avec armes pour accompagner les pétitionnaires, qui ſe ſont armés de piques pour ſe tranſporter à l'Aſſemblée Nationale, il vient néanmoins d'arriver que la grande quantité de peuple qui s'eſt réuni à notre poſte ſitué rue Mouffetard, près celle de l'Arbalètre, malgré les repréſentations multipliées de M. Saint-Prix, notre commandant en chef, & l'empreſſement qu'il a eu à mettre à exécution vos ordres, ainſi que ceux de M. le commandant général, il a été forcé, pour éviter peut-être de très-grands accidens, de ſe mettre à la tête de la troupe, & de donner ſatisfaction au peuple, qui s'eſt déterminé à vouloir que les canons marchaſſent avec eux, puiſqu'ils s'en ſont emparés volontairement. Alors M. le commandant voyant qu'il ſe trouvoit contraint d'agir contre les ordres qui lui ſont parvenus de la part de la municipalité, comme de celle du commandant général, a pris le parti de marcher à la tête de toute la troupe. Je vous prie,

Monſieur, de vouloir bien faire agir, avec la prudence qu'il convient en pareille circonſtance : en cela, vous procurerez la tranquillité que tout citoyen déſire. *Signé* LONGCHAMP.

N.° IX. Une pièce de canon eſt au pied du grand eſcalier; j'ai penſé qu'il étoit inutile de l'y placer; mais dans un moment où les appartemens du Roi ſont tellement remplis, que j'ai vu M. le Maire & nos collègues en danger d'être étouffés, je crois qu'il ſeroit dangereux de l'enlever, & je donne ordre à M. le commandant du bataillon du Val-de-grâce de la maintenir, & de la faire garder convenablement. Dans la cour des Tuileries, 20 juin 1792, à ſix heures & demie.

Signé LE ROUX, officier municipal.

Paris, le 21 juin 1792, l'an 4.e de la liberté.

MON GÉNÉRAL,

D'après les faits énoncés ci-deſſus, nous ne devons mon camarade & moi, reſter à la tête de ce bataillon; mais le moment eſt difficile, la patrie eſt en danger, les jours du Repréſentant héréditaire ſont menacés : nous reſtons. Nous vous confions ce rapport, que notre devoir nous commande de vous faire ; faites-en l'uſage que vous croirez convenable. Tout à vous, à la vie & à la mort, *Signé* SAINT-PRIX, commandant en chef le dixième bataillon. LE CLERC, commandant en ſecond du même bataillon.

N.° XXXVI.

Monsieur de Romainvilliers, commandant-général de la garde nationale, demandant mon rapport sur les évènemens du 20 juin, je vais le faire avec toute l'exactitude possible.

J'étois dans la cour royale, lorsque M. Acloq & deux officiers municipaux que je ne connois pas, se sont transportés à la porte de cette cour que l'on vouloit forcer ; j'ai vu l'instant d'après, la porte s'entr'ouvrir, & il est entré un groupe de monde : la porte fut refermée aussitôt, dans la crainte que tout le monde n'entrât, & qu'on ne vînt à se porter jusques dans le château. Je dis par forme d'avis (n'étant pas leur commandant) à la gendarmerie qui étoit de piquet, & à la troisième légion qui étoit garde descendante de réserve, de former la colonne en masse, & de se replier sur la grille du château : me retournant vers les canonniers de cette garde, je leur dis de se porter en avant avec leurs pièces pour défendre la troupe. Je fus appuyé par M. Vanotte, commandant en chef du premier bataillon de la quatrième légion, qui étoit là dans le moment : ils répondirent que nous étions de plaisans J . . . F . . . . . & nous demandèrent de quel droit nous les commandions. M. Vanotte leur répondit : *Vous ne connoissez donc pas M. Pinon, chef de légion !* & moi je leur demandai s'ils étoient sûrs que parmi ceux qui se présentoient, il ne s'y fût pas mêlé des hommes capables d'attenter à la vie du Roi. Un d'entre eux me répondit qu'il valoit mieux qu'un seul homme fût tué, qu'eux. *Fermez donc la grille au moins*, leur ajoutai - je : ils s'y refusèrent ; & nous y étant portés, M. Vanotte & moi, nous en fûmes retirés & repoussés par les canonniers & le groupe de monde qui étoit entré.

Tout le monde sait ce qui s'est passé ensuite.

Signé Pinon, chef de la cinquième légion.

Ce 30 juin 1792, l'an quatrième de la Liberté.

N.° XXXVII.

Déclaration du S.r Fontaine.

L'AN mil fept cent quatre-vingt-douze, quatrième de la liberté, le vingt-quatre juin :

Pardevant nous Denis Durouzeau, juge de paix de la fection de Sainte Geneviève, & officier de police du département de Paris, demeurant rue des Noyers, eft comparu le fieur Nicolas-Louis Fontaine, citoyen & chaffeur volontaire du huitième bataillon de la feconde légion, demeurant à Paris, rue des Noyers n.° 37 ;

Lequel nous a dit qu'ayant été témoin de ce qui s'eft paffé le mercredi 20 du préfent mois, au château des Tuileries dans l'appartement du Roi, il a cru devoir venir nous faire fa déclaration, qu'il nous a rendue ainfi qu'il fuit :

Que ledit jour 20 du préfent mois, il fut commandé le matin pour affifter au fervice de M. de Gouvion, qui devoit fe célébrer dans l'églife paroiffiale de Sainte Geneviève ; qu'après la cérémonie, terminée à peu-près à une heure, il fut envoyé d'ordonnance auprès de M. Aclocq, commandant de la légion qui étoit au château des Tuileries ; que le déclarant y arriva à deux heures moins un quart ; qu'il fit vifer fon billet à M. Aclocque, qui l'engagea à ne pas le quitter : que dans cet inftant il y avoit dans les cours du château deux légions de gardes nationaux & un bataillon de gendarmerie, lequel occupoit le milieu de la cour royale ; que le déclarant aperçut auffi trois officiers municipaux, MM. Hue, Patris & Boucher, ce dernier feul en écharpe.

Que jufqu'à trois heures environ, la tranquillité régna dans le château ; qu'à cette heure un grand bruit fe fit entendre à la porte de la cour royale donnant sur le Carousel ; que s'étant approché de ladite porte, il remarqua que le guichet avoit été forcé, & qu'il entroit quelques personnes ; mais que le poste parvint à les faire retirer & à refermer le guichet ; qu'alors tous les officiers demandèrent quel étoit l'ordre ; qu'il remarqua surtout M. Carle, lieutenant-colonel de la gendarmerie, appelant les chefs & MM. les officiers municipaux : que lui-même déclarant alla, par l'ordre de M. Aclocque, chercher MM. Mendat & Romainvilliers ; mais que ne les ayant pas trouvés, & à cet instant la porte de la cour royale ayant été forcée, la cour se remplissant de personnes armées de différentes manières, & traînant après elles deux pièces de canon, il alla reprendre son fusil qu'il avoit déposé à l'état-major, cour des princes.

Qu'alors le déclarant monta par le petit escalier en saillie étant dans la cour des princes, qu'il trouva la grille fermée ; mais qu'elle lui fut ouverte, & à quelques autres gardes nationaux qui se présentèrent avec lui ; qu'ils montèrent ensemble, traversèrent le petit passage tapissé de papier-muraille, & entrèrent dans la pièce qui précède celle du trône.

Que dans cette pièce ils trouvèrent le Roi, ayant avec lui MM. Aclocque & Delachesnaye, chefs de légion, Beaulieu, Lajard & Terrier, ministres, & Hervilly, maréchal de camp, deux autres personnes en habit de gardes nationaux & un officier de gendarmerie nationale. Ajoute le déclarant, que madame Élisabeth étoit auprès du Roi, montrant un air fort inquiet, laquelle, sur les représentations qui lui furent faites, se retira conduite par M. Hervilly.

Qu'au même instant un grand bruit se fit entendre ; que M. Aclocque dit au Roi qu'il falloit qu'il se montrât ; que le Roi répondit qu'il le vouloit bien, & qu'il ne craignoit rien au milieu des personnes qui l'entouroient ; qu'alors le Roi donna lui même l'ordre d'ouvrir la porte, & que le déclarant s'étant mis en devoir de l'exécuter, à l'inſtant où il levoit le verrouil d'en-bas, les deux panneaux d'en-bas de la porte furent enfoncés, qu'un éclat déchira ſon pantalon d'uniforme; qu'à travers l'ouverture formée par l'enfoncement d'un des panneaux, il vit la croſſe d'un fuſil, qu'il y a lieu de croire qui avoit ſervi à faire ledit enfoncement; que ne pouvant atteindre au verrouil d'en-haut de la porte, il fut tiré par un ſuiſſe des appartemens.

Que la porte ſe trouvant ouverte, une multitude de perſonnes armées de piques, de broches, de bâtons, de ſabres, de morceaux de fer, de fuſils, remplit la ſalle; que le Roi ſe retira dans l'embraſure de la croiſée du milieu de ladite pièce donnant ſur la cour, entouré des perſonnes ci-deſſus déſignées; qu'il demanda ce qu'on lui vouloit, & dit : *Je ſuis votre Roi, je ne me ſuis jamais écarté de la conſtitution*; que ſa voix ſe perdoit dans le tumulte, qui a empêché pendant plus d'une demi-heure que perſonne ne pût être entendu; qu'il ôta ſon chapeau à pluſieurs repriſes, & l'agitant en l'air, cria *vive la Nation.*

Qu'un officier municipal vêtu de noir, en écharpe, petit & de figure maigre, dont il ignore le nom, s'étoit fait élever par pluſieurs perſonnes, & avoit tenté vainement de rappeler le calme; que dans le même inſtant un particulier portant au bout d'un bâton un bonnet rouge auquel étoit attaché une cocarde & des rubans, s'étant approché, le Roi demanda le bonnet, le prit & le mit ſur ſa tête, ce qui donna lieu dans la ſalle à des ſignes d'applaudiſſemens par des battemens de mains.

Que ſurvint une députation de douze membres de l'Aſſemblée Nationale, parmi leſquels le déclarant reconnut MM. Iſnard & Vergniaux; que M. Iſnard s'étant fait élever, adreſſa le premier la parole aux perſonnes qui rempliſſoient la ſalle, en leur diſant : *Citoyens, je ſuis Iſnard, député à l'Aſſemblée Nationale, je vous invite à vous retirer, & vous réponds sur ma tête que vous aurez satisfaction :* que cette phrase, répétée plusieurs fois, ne calma point ; que M. Vergniaux prit à son tour la parole, montra sa carte de député, & parvint à faire entendre un discours assez long, dans lequel il cherchoit à rappeler au respect dû aux autorités constituées, mais également sans succès.

Que le bruit & le tumulte recommençant, & qu'à travers la confusion qui régnoit, le déclarant entendit des voix qui crioient : *rappelez les ministres, ôtez le* Veto.

Que le bruit a duré jusqu'à cinq heures un quart environ, moment où arriva M. le maire de Paris, accompagné de M. Sergent, officier municipal : qu'il s'approcha du Roi, & lui dit : *Sire, je viens d'apprendre dans l'instant la situation dans laquelle vous êtes ;* à quoi le Roi répondit : *cela est bien étonnant, car il y a deux heures que cela dure ;* qu'alors M. le maire s'étant fait élever comme les députés, dit : « Citoyens, vous tous qui m'entendez, » vous venez de présenter légalement votre vœu au représentant héréditaire, retournez chacun dans vos foyers, vous ne » pouvez exiger davantage : sans doute votre exemple sera imité » par les quatre-vingt-trois départemens, & le Roi ne pourra » se dispenser d'acquiescer au vœu manifesté du peuple : retirez-» vous, je vous le répète, & en restant plus long-temps, ne » donnez pas occasion aux ennemis du bien public d'enve-» nimer vos intentions ». (M. le maire ajouta une épithète au mot intentions ; ne peut affirmer précisément le déclarant, si c'est celle de vertueuses ou respectables).

Qu'alors le Roi annonça à M. le maire qu'il alloit faire ouvrir tous les appartemens, & qu'on pourroit défiler par la galerie ; sur quoi M. le maire, monté sur un fauteuil qui lui avoit été apporté, répéta à peu-près ce qu'il avoit dit d'abord, en annonçant les ordres donnés par le Roi, & engagea tout le monde à se retirer, ce qui commença à s'exécuter sur le champ : le défilé se fit au milieu des gardes nationaux qui bordoient les appartemens. On entendit des voix crier *vive la Nation, vive Pétion.* Le comparant déclare avoir vu M. le maire faire plusieurs inclinations de salut à mesure de la sortie des personnes qui remplissoient l'appartement.

Que les salles commençoient à se vider lorsqu'arriva une seconde députation de l'Assemblée Nationale; que le membre qui la présidoit s'approcha du Roi & lui dit : *Sire, l'Assemblée Nationale vient partager vos dangers, & chaque membre vient couvrir votre corps du sien. Ce sont des citoyens égarés, ne craignez rien.* Que le Roi répondit : *Je remercie l'Assemblée Nationale ; je suis tranquille au milieu de mes amis, & ma conscience ne me reproche rien.* Que l'arrivée de la députation avoit renouvelé la foule dans la pièce où étoit le Roi, par le nombre de personnes qui l'avoient suivie par curiosité ; que les fenêtres étoient totalement obstruées, & au point qu'on craignoit d'y étouffer, ce qui engagea M. Aclocque de proposer à la députation de faire passer le Roi dans les petits appartemens, à quoi le Roi consentit; que le déclarant l'accompagna jusqu'à la porte des petits appartemens, où il resta de sentinelle jusqu'à huit heures & demie; que M. Aclocqne vint le prendre, qu'ils traversèrent ensemble les appartemens, où le déclarant ne vit plus que des gardes nationaux.

Et ledit sieur déclarant nous a à l'instant remis, après l'avoir signé & paraphé, son bon d'ordonnance, *Signé* ÉTIENNE, commandant en chef du huitième bataillon, deuxième légion, en vertu duquel il s'étoit rendu au château des Tuileries, pour ledit bon après avoir aussi été de nous signé & paraphé, être annexé à notre présent procès-verbal.

Lecture faite audit sieur Fontaine de sa déclaration, a dit icelle contenir vérité, & a signé avec nous; ainsi signé en cet endroit de de la minute des préſentes, ainſi qu'au bas de chaque page, FONTAINE & DUROUZEAU.

Pour expédition conforme à la minute étant ès-mains de nous juge de paix ſuſdit. *Sigé* DUROUZEAU.

N.° XXXVII.

Déclarations reçues par le Juge de paix de la Section du Roi de Sicile.

L'AN mil ſept cent quatre-vingt-douze, quatrième de la Liberté, le dimanche 24 juin neuf heures du matin.

Devant nous Louis-Gilles-Camille Fayel, juge de paix de la ſection du roi de Sicile, & officier de police du diſtrict de Paris, & en notre demeure ſiſe à Paris, rue des Écouffes, n.° 18, paroiſſe Saint Gervais :

Eſt comparu ſieur Jean-Baptiſte-Marie-Louis Lareynie, ſoldat volontaire du bataillon de l'Iſle-Saint-Louis, décoré de la croix militaire, demeurant à Paris, quai Bourbon, n.° 1.

Lequel, profondément affligé des déſordres qui viennent d'avoir lieu dans la capitale, & croyant qu'il eſt du devoir d'un bon citoyen de donner à la juſtice les lumières dont elle peut avoir beſoin dans ces circonſtances, pour punir les fauteurs & inſtigateurs de toutes manœuvres contre la tranquillité publique & l'intégrité de la conſtitution Françoiſe, a déclaré que depuis environ huit jours il ſavoit, par les correſpondances qu'il a dans le faubourg Saint-Antoine, que les citoyens de ce faubourg étoient travaillés par le ſieur Santerre, commandant du bataillon des Enfans-trouvés, & par d'autres perſonnages au nombre deſquels étoient, le ſieur Fournier, ſe diſant américain & électeur de 1791 du département de Paris; le ſieur Rotondo, ſe diſant italien; le ſieur

Legendre, boucher, demeurant rue des Boucheries, faubourg Saint-Germain; le sieur Buirette Verrieres, demeurant au-dessus du café du Rendez-vous, rue du Théâtre François, lesquels tenoient nuitamment des conciliabules chez le sieur Santerre, & quelquefois dans la salle du comité de la section des Enfans-trouvés; que là, on délibéroit en présence d'un très-petit nombre d'affidés du faubourg, tels que le sieur Rossignol, ci-devant compagnon orfèvre; le sieur Nicolas, sapeur du susdit bataillon des Enfans-trouvés; le sieur Brierre, marchand de vin; le sieur Gonor, se disant vainqueur de la bastille, & autres qu'il pourra citer; qu'on y arrêtoit les motions qui devoient être agitées dans les groupes des Tuileries, du Palais-Royal, de la place de Grève & sur-tout de la porte Saint-Antoine, place de la Bastille; qu'on y rédigeoit les placards incendiaires affichés par intervalle dans les faubourgs, les pétitions destinées à être portées par des députations dans les sociétés patriotiques de Paris; & enfin que c'est là que s'est forgée la fameuse pétition & tramé le complot de la journée du 20 de ce mois. Que la veille de cette journée, il se tint un comité secret chez le sieur Santerre, qui commenca vers minuit, auquel des témoins qu'il pourra faire entendre, lorsqu'ils seront revenus de la mission à eux donnée par le sieur Santerre pour les campagnes voisines, assurent avoir vu assister MM. Petion, maire de Paris, Robespierre, Manuel, procureur de la commune, Alexandre, commandant du bataillon de Saint-Marcel, & Sillery, ex-député de l'Assemblée Nationale. Que lors de la journée du 20, le sieur Santerre voyant que plusieurs des siens & sur-tout les chefs de son parti, effrayés par l'arrêté du directoire du département, refusoient de descendre armés, sous prétexte qu'on tireroit sur eux, les assura qu'ils n'avoient rien à craindre, que *la garde nationale n'auroit pas d'ordre, & que M. Petion seroit là.* Que sur les onze heures du matin dudit jour, le rassemblement ne s'élevoit pas au-dessus de quinze cents perſonnes, y compris les curieux, & que ce ne fut que lorſque le ſieur Santerre ſe fut mis à la tête d'un détachement d'invalides ſortant de chez lui, & avec lequel il eſt arrivé ſur la place, & qu'il eut excité dans ſa marche les ſpectateurs à ſe joindre à lui, que la multitude s'eſt groſſie conſidérablement juſqu'à ſon arrivée au paſſage des Feuillans; que là, n'ayant point oſé forcer le poſte, il ſe relégua dans la cour des Capucins, où il fit planter le mai qu'il avoit deſtiné pour le château des Tuileries; qu'alors lui déclarant, demanda à pluſieurs des gens de la ſuite dudit ſieur Santerre, pourquoi le mai n'étoit pas planté ſur la terraſſe du château, ainſi que cela avoit été arrêté, & que ces gens lui répondirent *qu'ils s'en garderoient bien, que c'étoit là le piége dans lequel vouloient les faire tomber les feuillantins, parce qu'il y avoit du canon braqué dans le jardin, mais qu'ils ne donnoient pas dans le panneau.* Le déclarant obſerve que dans ce moment l'attroupement étoit preſqu'entièrement diſſipé, & que ce ne fut que lorſque les tambours & la muſique ſe firent entendre dans l'enceinte de l'Aſſemblée Nationale, que les attroupés, alors épars çà & là, ſe rallièrent, ſe réunirent aux autres ſpectateurs, & défilèrent avec décence ſur trois de hauteur devant le Corps légiſlatif; que lui déclarant remarqua que ces gens-là, en paſſant dans les Tuileries, ne ſe permirent rien de ſcandaleux & ne tentèrent point d'entrer dans le château; que raſſemblés même ſur la place du Carouſel où ils étoient parvenus en faiſant le tour par le quai du Louvre, ils ne manifeſtèrent aucune intention de pénétrer dans les cours, juſqu'à l'arrivée du ſieur Santerre, qui étoit reſté à l'Aſſemblée Nationale, & qui n'en ſortit qu'à la levée de la ſéance. Qu'alors le ſieur Santerre, accompagné de pluſieurs perſonnes, parmi leſquelles lui déclarant a remarqué le ſieur de Saint-Huruge, s'adreſſa à ſa troupe, pour lors très-tranquille, & leur demanda *pourquoi ils n'étoient pas entrés dans le château, qu'il falloit y aller, & qu'il n'étoient descendus que pour cela.* Qu'aussitôt il commanda aux canonniers de son bataillon de le suivre avec une pièce de canon, & dit que si on lui refusoit la porte, il falloit la briser à coups de boulet; qu'ensuite il s'est présenté dans cet appareil à la porte du château, où il a éprouvé une foible résistance de la part de la gendarmerie à cheval, mais une ferme opposition de la part de la garde nationale; que cela a occasionné beaucoup de bruit & d'agitation, & qu'on alloit peut-être en venir à des voies de fait, lorsque deux hommes en écharpes aux couleurs nationales, dont lui déclarant en reconnoît un pour être le sieur *Boucher-René*, & l'autre qui a été nommé par les spectateurs pour être le sieur *Sergent*, sont arrivés par les cours, *& ont ordonné*, il faut le dire, d'un ton très-impérieux, pour ne pas dire insolent, en prostituant le nom sacré de la loi, *d'ouvrir les portes*, ajoutant *que personne n'avoit le droit de les fermer, & que tout citoyen avoit celui d'entrer.* Que les portes ont été effectivement ouvertes par la garde nationale, & qu'alors Santerre & sa troupe se sont précipités en désordre dans les cours; que le sieur Santerre, faisant traîner du canon pour briser les portes de l'appartement du Roi, s'il les trouvoit fermées, & tirer sur la garde nationale qui s'opposeroit à son incursion, a été arrêté dans sa marche dans la dernière cour à gauche au bas de l'escalier du pavillon, par un groupe de citoyens qui lui ont tenu les discours les plus raisonnables pour appaiser sa fureur, l'ont menacé de le rendre responsable de tout ce qui arriveroit de mal dans cette fatale journée, parce que, lui ont-ils dit, *vous êtes seul l'auteur de ce rassemblement inconstitutionnel, vous seul avez égaré ces braves gens, & vous seul parmi eux êtes un scélérat.* Que le ton avec lequel ces honnêtes citoyens parloient au sieur Santerre, le fit pâlir, mais qu'encouragé par un coup-d'œil du sieur Legendre, boucher ci-dessus nommé, il eut recours à un subterfuge hypocrite en s'adreſſant à ſa troupe, & lui diſant : *Meſſieurs, dreſſez procès-verbal du refus que je fais de marcher à votre tête dans les appartemens du Roi ;* que pour toute réponſe, la foule, accoutumée à deviner le ſieur Santerre, culbuta le groupe des honnêtes citoyens, entra avec ſon canon & ſon commandant le ſieur Santerre, & pénétra dans les appartemens par toutes les iſſues, après en avoir briſé les portes & les fenêtres. Qu'au moment où ils vomiſſoient toutes ſortes de blaſphêmes contre la perſonne ſacrée du Roi, Sa Majeſté s'eſt préſentée marchant ſeule à la tête d'une foule innombrable de bons citoyens, diſpoſés à verſer tout leur ſang, plutôt que de laiſſer conſommer le plus grand de tous les crimes; qu'alors un mouvement ſubit & précipité de la multitude, que le déclarant veut bien n'attribuer qu'à la curioſité, ayant fait craindre pour les jours du monarque, des grenadiers de poſte au château l'ont entouré preſque malgré lui ; un aide de camp de M. Wittenkoff a maſqué le corps du roi, & ſur ce mouvement la multitude eſt devenue moins preſſante ; que c'eſt à ce moment que le ſieur Legendre, boucher, a fait entendre ces mots qu'il a adreſſés au Monarque : *Monſieur* (mot auquel le Roi témoigna de la ſurpriſe & fit un mouvement d'indignation, *oui monſieur* (appuya fortement Legendre), *écoutez-nous, vous êtes fait pour nous écouter:* » vous êtes un perfide, vous nous « avez toujours trompés, vous nous trompez encore ; mais « prenez garde à vous, la meſure eſt à ſon comble, & le peuple « eſt las de ſe voir votre jouet ». Alors il lut une eſpèce de pétition contenant des blaſphêmes, des menaces, & les volontés du Souverain dont Legendre ſe diſoit l'orateur & le chargé de pouvoirs. Que le Roi reſta calme, & répondit : *Je ferai tout ce que la Conſtitution & l'Aſſemblée Nationale m'ordonnent de faire.* Qu'alors un mouvement plus conſidérable, occaſionné par les gens qui entroient par toutes les iſſues, a repouſſé & éloigné lui déclarant, qui eſt ſorti comme il a pu, & a fini par voir le Roi affublé d'un bonnet rouge, & montrant au peuple dans les cours une bouteille qu'il tenoit à la main & dont il a bu.

Que ſur le ſoir, vers les ſix à ſept heures, lui déclarant eſt revenu & monté au château; qu'il a vu pluſieurs officiers municipaux, parmi leſquels il a remarqué M. Borie luttant avec le peuple & s'efforçant de le faire évacuer les appartemens; que ſur ces entrefaites, M. Petion s'eſt montré au milieu de deux grenadiers qui le ſoutenoient de manière à faire croire qu'ils le portoient ſur leurs bras; que M. Petion avoit l'air tout eſſoufflé; que s'adreſſant à la multitude, il a dit: *Le peuple a fait ce qu'il devoit faire, vous avez agi en hommes libres: mais en voilà aſſez, je vous ordonne de vous retirer;* que de cet inſtant le peuple s'eſt retiré & a diſparu.

Que le lendemain, lui déclarant, pour s'aſſurer ſi le bruit qu'on répandoit ſur une ſeconde deſcente du faubourg étoit fondé, il s'eſt tranſporté en fiacre au faubourg Saint-Antoine, qu'il l'a traverſé entièrement, & s'eſt arrêté à la barrière du Trône, dans la première auberge à gauche; que là il a entendu dire par des gens qu'il n'a pas vus, mais qui paroiſſoient déjeûner dans un jardin paliſſadé à l'extérieur, ces mots: « Oui, on auroit « pu.... mais lorſqu'on l'a vu.... c'eſt ſi impoſant.... & » puis nous ſommes François..... ſacredieu ſi c'eût été » d'autres........ on lui eût tordu le cou comme à un » enfant..... Il vient....... me v'là....... me v'là... » que lui déclarant n'en ayant pas entendu davantage, s'eſt retiré. Qu'il a vu depuis pluſieurs de ces gens entraînés par Santerre, entre leſquels ſont les ſieurs Desjon, Pannetier & un Breton, du nom duquel il ne ſe rappelle pas pour le moment, qui l'ont aſſuré que la majorité des citoyens du faubourg étoit affligée de la démarche qui avoit été faite chez le Roi; que ce n'avoit jamais été leur intention, & qu'on devoit être certain que cela n'arriveroit plus, que d'ailleurs il y avoit quelque chose là-dessous.

Observe le déclarant que cette dernière insurrection, dont le sieur Santerre est le principal moteur, doit d'autant moins paroître étonnante de sa part, que lui déclarant peut donner des preuves que depuis la révolution, le sieur Santerre s'est plusieurs fois essayé dans ce genre dans son faubourg; pour exemple, au mois de mars 1790, lorsqu'il fit brûler les barrières pour en percevoir les droits à son profit, l'affaire du donjon de Vincennes, & enfin celle du mois de juin 1790, où il fit tous ses efforts pour armer les gardes-françoises contre son faubourg, à l'occasion du décret sur les vainqueurs de la bastille; le tout pour amener la guerre civile à laquelle il aspire depuis bien long-temps.

Lecture faite audit sieur Lareynie de la présente déclaration, il en a affirmé sur notre réquisition, le contenu sincère & véritable, déclarant qu'il sera toujours prêt à la réitérer en justice, & à donner tous les témoignages qui peuvent venir à l'appui; & a ledit sieur Lareynie signé avec nous, après avoir signé aussi avec nous le bas de chaque page de ces présentes.

Signé LAREYNIE & FAYEL.

Et le même jour 24 juin audit an, sur environ les neuf heures de relevée,

Devant nous juge de paix & officier de police susdit, & en notre demeure ci-devant désignée;

Est comparu sieur Jean-Baptiste Turot, grenadier volontaire du bataillon du petit Saint-Antoine, section du Roi de Sicile, demeurant à Paris, susdite rue du Roi de Sicile, n.° 60, paroisse S. Gervais;

Lequel voulant en bon citoyen éclairer la justice sur les

ſordres qui ont eu lieu mercredi dernier au château des Tuileries, déſordres qu'il entend raconter de différentes manières, même ſur les faits qui ont été à la connoiſſance de lui déclarant, & voulant enfin rendre hommage à la vérité, nous a déclaré : Que le mercredi 20 du préſent mois de juin, étant aſſemblé avec d'autres ſoldats volontaires de ſon bataillon, d'après les ordres du commandant, & au chef-lieu de la ſection du roi de Sicile, il eſt arrivé à une heure environ de relevée, un officier-major qui a demandé au commandant un peloton de citoyens-ſoldats pour aller joindre le détachement qui devoit partir du chef-lieu du bataillon des Blancs-manteaux.

Que lui déclarant & environ 30 grenadiers & fuſiliers ſe sont réunis ſous les ordres de M. Muſſey, commandant en ſecond, de M. Laſne, capitaine de grenadiers, & de M. Lecœur, lieutenant de la quatrième compagnie de volontaires, & qu'ils ont été conduits aux Blancs-manteaux par l'officier-major; que le détachement étoit parti & avoit pris ſa route pour le château des Tuileries qu'ils ont ſuivi juſques vers la petite rue S. Louis, rue S. Honoré où lui déclarant & ſes autres camarades ont joint l'extrémité d'un raſſemblement immenſe de peuple & de gardes nationaux armés de toutes façons, rangés ſur quatre lignes, & dont la tête paroiſſoit être à la place Vendôme; que lui déclarant & ſes autres camarades ont reconnu que ceux auxquels ils ſe réuniſſoient n'avoient point le même but qu'eux, & qu'alors les officiers ont conduit le détachement, dont lui déclarant faiſoit partie, près le Carouſel jusqu'au guichet neuf, dit *de Marigny*, où l'on avoit indiqué la place de leur diviſion, qui eſt la première; que M. le commandant les a fait ranger du côté de la maiſon de M. Auguſte, orféyre du Roi, & qu'après quelques minutes de repos les gardes nationaux qui étoient au guichet, ont annoncé l'arrivée de gens armés de piques, fourches, &c. . . .; que la cavalerie qui gardoit les cour

ef

eſt montée à cheval; que la garde du guichet a fait réſiſtance & a repouſſé la multitude; que peu de temps après, lui déclarant a vu paſſer par la petite porte du guichet, du côté du château, *deux officiers municipaux en écharpes*, dont l'un très-petit, brun & bancroche, a été déſigné ſous le nom de *Mouchet*, ſuivis d'hommes, de femmes & d'enfans armés de bâtons avec des lames de couteau attachées aux extrémités de piques, haches, &c., *& que la garde a laiſſé paſſer le tout ſur la réquiſition deſdits deux officiers municipaux;* que la garde s'eſt remiſe en poſition pour empêcher une nouvelle introduction; mais que les attroupés qui s'étoient déjà préſentés, en ayant vu paſſer d'autres, ſont revenus à la charge; que le détachement dans lequel lui déclarant étoit, s'eſt réuni à d'autres camarades, qu'ils ont obtenu un nouveau ſuccès en défendant l'entrée, & ce, ſous les yeux même de *MM. Patris & Hue*, autres officiers municipaux qui étoient intervenus à en écharpes; mais que bientôt ces deux officiers municipaux ont levé la conſigne, & ont donné l'ordre de laiſſer entrer tout individu armé; qu'alors lui déclarant & les autres, ont vu défiler un nombre infini de gens, la plupart ivres & ſans habit, portant des haches, des piſtolets, &c. & qu'un, entre autres, avoit pour arme une ſcie attachée au bout d'une perche d'environ dix pieds de hauteur.

Que le commandant de lui déclarant, jugeant d'après cela que la préſence de ſon détachement n'étoit plus néceſſaire dans cet endroit, l'a conduit dans le jardin du château, où il a doublé une haie de gardes nationaux, qui s'étoient rangés depuis la porte du pont royal juſqu'à la porte du manège, pour empêcher que le raſſemblement qui ſortoit de l'Aſſemblée Nationale, & défiloit avec des tambours, ne pénétrât dans le château; que bientôt on aperçoit ſur les terraſſes, près de l'appartement du Roi, une foule de ces mêmes gens armés qui jettent des cris perçans, qui indiquoient plutôt la rage que la satisfaction ; qu'un officier de la maison sort du château par la grille, devant laquelle lui déclarant & ses camarades étoient postés, qu'il demande du secours pour l'appartement de la Reine, & qu'alors MM. Mussey, Lasne & Lecœur, officiers, y conduisent lui déclarant & les autres, & les placent où ils peuvent, attendu le petit nombre qu'ils étoient, & que la salle où devoit être la garde de la Reine, étoit absolument abandonnée, puisque l'on n'a trouvé que trois soldats & environ trente fusils ; que la populace s'est présentée ; que lui déclarant & les autres ont fait la résistance que le devoir leur imposoit ; qu'ils ont repoussé, & qu'après une demi-heure de débats vigoureux, une multitude menaçante & armée, d'environ deux cents hommes, a fait une nouvelle tentative ; qu'ils ont encore repoussé cette multitude, & qu'ils y avoient réussi, lorsqu'on est venu dire de laisser entrer dans la première salle pour filer par la porte à droite qui communique aux appartemens donnant sur la cour ; que les gens introduits n'ont point voulu prendre la route indiquée ; qu'ils ont demandé à entrer chez la Reine ; mais que lui déclarant & ses autres camarades ont gardé la seconde porte avec la même fermeté qu'ils avoient gardé la première : qu'ils ont vu pendant un quart d'heure les piques & les haches levées sur eux ; & que M. Lasne, leur capitaine, avoit déjà reçu dans le choc un coup de couteau, lorsque M. de Wittenkoff voyant la multitude, & pressé lui-même par ces gens qui l'injurioient, & de la fureur desquels on a eu peine à le garantir, a donné l'ordre de laisser entrer ; que lui déclarant n'a entendu que juremens & menaces contre la personne de la Reine ; que les trois portes qui fermoient les appartemens suivans celui où le déclarant & ses camarades étoient, ont été successivement brisées à coup de hache & autres instrumens ; que le déclarant & ses camarades ont suivi autant qu'ils ont pu, pour éviter les défordres intérieurs fur le mobilier ; & qu'après environ deux heures d'un fpectacle révoltant pour eux, ils font reftés feuls, & ont aperçu quelques gardes qui devoient être à ce pofte.

Que c'eft dans ce moment qu'un homme d'environ foixante ans, vêtu de brun, portant perruque, a demandé à parler à l'officier de garde pour réclamer une arme qu'il lui avoit faifie dans le jardin des Tuileries; que lo'fficier de garde étant abfent, cet homme l'a attendu; & que par fuite de la converfation tenue avec lui, cet homme a déclaré qu'il étoit du faubourg Saint-Antoine ; & que le mardi 19 de ce mois, à minuit, M. *Chabot*, député, étoit venu au comité des Enfans - trouvés ; qu'il avoit fait un charmant difcours à l'affemblée ; & qu'il avoit fini par dire : « Mes enfans, » l'Affemblée Nationale vous attend demain, fans faute, à bras » ouverts ». Que lui déclarant, d'après l'enthoufiafme qu'il a remarqué dans cet individu, a cru s'apercevoir que M. *Chabot* avoit une grande influence fur ce comité ; & que ce fait peut être éclairci, en entendant les camarades de lui répondant, qui peuvent fe rappeler, comme lui, cette circonftance; & entr'autres, MM. Ducroq, Lemoine & autres, du nom defquels il ne fe rappelle pas pour le moment.

Qu'après que tout a été diffipé, le détachement eft defcendu du château, & a été rejoindre les autres qui étoient fur la terraffe du bord de l'eau ; qu'il étoit alors à peu-près fept heures & demie ; & qu'ils ont remarqué que les terraffes près la chapelle & les appartemens, étoient couvertes de monde, & que les croifées étoient obftruées par ceux qui y étoient montés : que les officiers ont jugé à propos de les faire refter, dans la crainte que leur préfence ne fût néceffaire ; & que voyant des grenadiers occuper les terraffes & diffiper le raffemblement, ils ont quitté fur environ les huit heures du foir, & fe font rendus à leurs fections refpectives.

L 2

Lecture faite audit ſieur Turot de ſa déclaration, il en a affirmé, ſur notre réquiſition, le contenu ſincère & véritable, déclarant qu'il ſera toujours prêt à la réitérer en juſtice, & a ledit ſieur Turot ſigné avec nous ainſi que le bas des pages.

Signé TUROT & FAYEL.

ET le lundi, 25 juin audit an, huit heures du matin.

Devant nous juge de paix & officier de police ſuſdit, & en notre demeure ci-devant déſignée :

Eſt comparu ſieur Pierre Muſſey, commandant en ſecond du quatrième bataillon du *petit Saint-Antoine*, de la première légion de la garde nationale Pariſienne, demeurant à Paris, rue des Juifs, n.° 7, paroiſſe Saint-Gervais, ſection du roi de Sicile.

Lequel, excité par l'indignation qu'il a conçue ſur l'évènement qui a eu lieu chez le Roi, mercredi dernier vingt de ce mois, & ſur les excès qui en ont été la ſuite, a déclaré que ſur les ordres à lui donnés ledit jour vingt de ce mois, il s'eſt tranſporté avec un détachement d'environ trente citoyens ſoldats volontaires, tant grenadiers que fuſiliers, & avec M. Wolſs, adjudant-général en ſecond de ladite première légion, & M. Laſne, capitaine de grenadiers de ſon bataillon, aux Tuileries par la rue Saint-Honoré, où ils ont rejoint un raſſemblement immenſe de peuple & de gardes nationaux munis de toutes armes, & ce vers la petite rue Saint-Louis; qu'il a porté ſon détachement par la rue de l'Échelle au Carouſel ; qu'arrivé à quelques pas de la porte royale, il y a vu une ſorte de bataillon carré dont la tête, compoſée de ſapeurs, de grenadiers & d'autres gens armés de toutes armes, étoit appuyée ſur la gauche ; qu'en face du château étoit la cavalerie montée à cheval, qui défendoit la porte d'entrée; que ſur la droite étoient de même des gens armés de toutes armes, & qu'en haut du Carouſel étoit rangé un bataillon portant houpette blanche & bleue ; qu'au centre étoient plusieurs pièces de canon & des canonniers, & que convaincu que les gens qui formoient l'espèce de bataillon carré ainsi que les canonniers & canons, faisoient partie du rassemblement illicite qui agitoit la capitale depuis le matin, il a pris sur lui de traverser avec son détachement ce bataillon carré pour se rendre au guichet neuf, où on lui avoit annoncé qu'étoit sa légion ; que, lors de cette traversée, les canonniers ont fait faire un demi-tour à droite à leurs canons, les ont remonté jusques près l'hôtel Longueville, & les ont braqué sur le château, & que même en cet instant son détachement a été coupé par cette évolution ; que son détachement réuni, il l'a fait ranger en bataille sur la droite du guichet neuf, & que quelques instans après, est arrivée la suite de la colonne des piques, fourches, &c. qui venoit de traverser les Tuileries; que la garde du guichet, qui étoit composée d'un détachement de la quatrième légion, a fait résistance, & a repoussé la multitude; mais que deux officiers municipaux avec leurs écharpes, dont un petit & mal fait, & qu'il a appris s'appeler *Mouchet*, ont introduit cette colonne de piques & autres armes, qu'ils ont obligé la garde, par les ordres qu'ils ont donnés, à laisser passer ces gens, *en annonçant qu'ils ne feroient que traverser le Carousel*; que la garde s'est remise en position pour empêcher une autre introduction, & qu'alors lui déclarant a été requis de faire avancer son détachement & de former une double ligne au guichet; que la garde a en effet repoussé les attroupés sous les yeux du sieur *Hue*, officier municipal & d'un autre officier municipal, qui s'étoient rendus là en écharpes ; mais que contre toute attente, ces deux officiers municipaux ont donné l'ordre de laisser entrer tout individu armé ; que cette colonne nouvelle de piques, &c., est alors défilée, & que lui déclarant jugeant que sa présence & celle de son détachement étoient inutiles là, il s'est porté par la cour royale du château, en traversant la cavalerie, dans le jardin des Tuileries; qu'en passant dans la cour royale, il a aperçu la garde ordinaire du Roi & quelques pelotons de gendarmerie dont les armes étoient à terre ainsi que les caisses des tambours; qu'étant arrivé dans le jardin, & étant posté vis-à-vis la grille qui conduit aux cuisines & à l'escalier de l'appartement de la Reine, il a doublé là une haie de gardes nationaux rangés depuis la porte du Pont-royal jusqu'à celle du Manège, & devant lesquels défiloit le rassemblement qui sortoit de l'Assemblée Nationale, avec tambours, fifres & autres instrumens de musique, des drapeaux de bataillons, celui dit des Vainqueurs de la Bastille, & des cartons mis au bout de bâtons, sur lesquels étoient des inscriptions indicatives des différens cantons des environs de la capitale & autres qui avoient été attirés à ce rassemblement & en faisoient partie. Que les Tuileries étoient d'ailleurs remplies d'hommes, de femmes & d'enfans au nombre d'au moins trente mille ames, mais qui étant sans armes, ont été considérés comme des curieux.

Que quelques instans après, lui déclarant apprit que la porte royale du château venoit d'être forcée, que la cavalerie qui la gardoit à l'extérieur avoit été obligée de se retirer, sur les menaces faites, d'après le refus de l'ouvrir, de la jeter en dedans à coups de canon chargé à boulet; que la garde intérieure avoit été de même forcée; que l'on avoit introduit du canon braqué sur l'escalier de l'appartement du Roi; que l'on avoit brisé à coups de hache la porte d'entrée dudit appartement, & qu'une pièce de canon y avoit été montée avec son affût. Observe le déclarant qu'il a omis de dire plus haut qu'il avoit aperçu dans le Carousel un caisson garni de munitions de guerre.

Que bientôt il fut confirmé dans les nouvelles qu'il venoit d'apprendre, par les cris effroyables de ces furieux, qui se précipitoient sur les deux terrasses du château & grimpoient aux fenêtres & ſur les différens entablemens, & par les cris encore d'autres furieux qui étoient montés ſur les combles des trois pavillons du château, & appeloient à eux la colonne qui continuoit toujours à défiler dans le jardin.

Que lui déclarant fut alors requis par un officier du Prince royal de porter du ſecours aux appartemens du Prince royal & de la Reine, ce qu'il fit en y portant ſon détachement, & qu'arrivé dans la ſalle des gardes, il n'y trouva que trois factionnaires, trois ou quatre gardes nationaux, & environ trente ou quarante fuſils abandonnés; qu'auſſitôt lui & ſon détachement furent aſſaillis par une partie des attroupés, qui demandoient à entrer chez la Reine, & auxquels ils opposèrent la plus vigoureuſe réſiſtance avec avantage; que trois fois les attroupés revinrent à la charge, piques, fourches & haches levées, ſabres & épées tournés contre eux, & qu'après une lutte de plus d'une demi-heure, durant laquelle une partie de ſon détachement avoit couru deux cents fois le riſque de perdre la vie, & pendant laquelle M. Laſne, capitaine de grenadiers, avoit été bleſſé à la main par un coup à lui porté par un des attroupés, avec un couteau attaché au bout d'un bâton, ils ont reçu ordre de laiſſer entrer; que cette troupe s'eſt en effet introduite dans la première ſalle, dite *des gardes*; que voulant entrer enſuite dans celle où couchent les gens de ſervice près le prince Royal, & ayant vue ſur le jardin, de laquelle la porte étoit ouverte, pour ſe rendre à l'appartement de la Reine, lui déclarant & ſes camarades conſidérant la fureur qui animoit ces attroupés, par les propos infames que cinq ou ſix d'entre eux proféroient contre la Reine, juſqu'à menacer ſes jours, ſe ſont de nouveau oppoſés à leur paſſage par cette porte, & que pendant un quart d'heure les piques & les haches ont recommencé à être levées ſur eux; qu'au fort de ce choc, M. de Wittenkoff étant arrivé, menacé &

pressé par cette horde qui l'injurioit, a ordonné de les laisser entrer; & qu'alors lui déclarant & ses camarades se sont repliés dans cette seconde pièce pour empêcher que l'on y pille les meubles & effets, ou que l'on ne les vole; que tous & un chacun de ces attroupés sont venus visiter les lits qui sont derrière un paravent, les ont découverts & défaits en proférant toutes sortes d'exécrations, & que n'ayant point trouvé ce qu'ils cherchoient, ils ont demandé à entrer dans la salle suivante, dite *la salle de jeu.*

Que cette salle étoit fermée à clef & à verroux, & qu'à coups de hache & de marteau, ils en ont enfoncé un panneau, par lequel plusieurs d'entre eux sont entrés & ont ouvert aux autres les deux battans; que n'ayant point trouvé dans cette pièce l'objet de leur fureur, ils ont de même enfoncé un panneau de la porte qui communique dans une chambre à coucher où sont deux lits à colonnes qu'ils ont aussi visités, fouillés & défait, & sur lesquels ils se sont jetés.

Qu'après avoir fouillé tous les coins de cette salle, ils ont encore enfoncé à coups de hache le panneau d'une porte donnant dans un cabinet où il existe un canapé, sur lequel étoient quelques effets dorés.

Que convaincus, d'après leurs recherches, que la Reine n'étoit point dans les lieux qu'ils avoient parcouru, ces attroupés se sont retirés; que lui déclarant & ses camarades sont restés, & qu'après avoir fait une recherche exacte avec les officiers de la maison, pour s'assurer si aucuns de ces furieux n'y étoient pas cachés, ils s'en sont retirés eux-mêmes; qu'ils sont rentrés dans la salle des gardes, d'où ils ont expulsé quelques émanations des attroupés qui cherchoient à s'introduire de nouveau, & qu'ayant aperçu quelques gardes de ce poste, ils ont tout-à-fait évacué le château, & sont rentrés dans le jardin, en

traversant

traverſant la cour des Princes & la cour Royale, celle-ci encore pleine des attroupés & de leurs canons.

Qu'ils ont joint leur légion rangée en bataille avec quelques pièces de canon ſur la terraſſe du bord de l'eau, d'où ils ont vu avancer un régiment de troupes de ligne qui s'eſt porté à la grille de la porte Royale, & qu'après avoir vu évacuer les combles & les terraſſes, & s'être aſſurés qu'il n'y avoit plus aucuns attroupés au château, lui déclarant & ſon détachement s'eſt retiré avec ſa légion.

Lecture faite audit ſieur Muſſey de ſa déclaration, il en a affirmé, ſur notre réquiſition, le contenu ſincère & véritable, déclarant qu'il ſera toujours prêt à la réitérer en juſtice, & a ledit ſieur Muſſey ſigné avec nous ainſi qu'au bas des pages. *Signé* PIERRE MUSSEY & FAYEL.

ET le mardi vingt-ſix juin audit an mil ſept cent quatre-vingt-douze, huit heures du matin;

Devant nous juge de paix & officier de police ſuſdit, & en notre demeure ſus-déſignée:

Sont comparus ſieur Jacques Cuvillier, caporal des grenadiers du bataillon du petit Saint-Antoine, demeurant à Paris, rue de la Verrerie, n.° 9, paroiſſe Saint Gervais;

Sieur François-Martin Chauvreau, demeurant à Paris, rue Clocheperche, n.° 2.

Sieur Florent Corps, demeurant à Paris, rue Saint-Antoine, n.° 21; ſieur Vincent Balin, demeurant à Paris, rue des Deux-portes Saint-Jean, n.° 4.

Sieur Jean Quentin Guffroy, demeurant à Paris, rue du Cimetière Saint-Jean, près l'hôtel de Chelles;

Tous quatre fuſiliers dudit bataillon du petit Saint-Antoine, & dont le ſieur Balin, l'un d'eux, eſt caporal.

Leſquels, dans la vue que juſtice ſoit rendue ſur les déſordres affreux qui ont eu lieu chez le Roi le mercredi 20 de ce mois, désordres qui n'ont existé cependant que par le défaut de précautions prises assez à temps pour les empêcher, & par les ordres qui ensuite ont été donnés à la garde nationale, de laisser tout entrer lorsqu'elle s'opposoit à tout passage, & ce, par les magistrats mêmes qui devoient tout prévoir, ont déclaré tout ce qui suit :

Qu'en général, appelés tous dans leur bataillon, ils se sont empressés de s'y rendre en armes ; que tous, excepté le sieur Guffroy, qui cependant s'y est porté ensuite, se sont rendus vers la place du Carousel, sous les ordres de MM. Mussey, leur commandant en second, Lasne, capitaine de grenadiers, & Lecœur, lieutenant de la quatrième compagnie, & qu'ils ont été placés vers la demeure de l'orfévre du Roi, près le grand guichet ; qu'en traversant la place du Carousel, ils ont déjà aperçu des sapeurs, des grenadiers, des canons, des canonniers & beaucoup de gens armés de piques, de fourches & autres armes, qu'ils ont reconnus pour faire partie du rassemblement qui étoit descendu du faubourg Saint-Antoine, & qui étoient portés en face de la principale porte du château des Tuileries ; & qu'eux déclarans, placés vers le grand guichet, ont d'abord aperçu un mouvement de la garde postée là avant eux, qui leur a annoncé qu'une multitude de gens armés de toutes armes se présentoit pour entrer ; qu'ils ont vu la garde faire résistance & s'opposer à cette introduction ; mais que bientôt deux officiers municipaux se sont présentés revêtus de leurs écharpes, ont donné l'ordre de laisser entrer cette multitude, sous le prétexte qu'elle traverseroit seulement la place du Carousel, & se sont même mis à la tête.

Qu'eux déclarans ne connoissent point précisément les deux officiers municipaux, mais qu'ils ont remarqué qu'ils étoient petits, dont un mal fait & si petit, que son écharpe traînoit dans la boue.

Qu'après cette première introduction, la garde se mit en devoir d'en repousser une seconde qui se présentoit.; que le détachement d'eux déclarans fut appelé pour renforcer le poste; qu'ils y furent, & parvinrent à tout empêcher, & ce, sous les yeux même de deux autres officiers municipaux qui furent témoins du succès; que cependant ces officiers municipaux donnèrent des ordres contraires, puisque tout entra, & que le sieur Cuvillier, l'un des déclarans, entendit l'un desdits officiers municipaux donner l'ordre très-précis « de ne laisser entrer que ceux qui « seroient armés, & que ceux qui ne l'étoient pas n'y avoient « pas affaire ».

Qu'eux déclarans ne connoissent pas non plus positivement ces deux autres officiers municipaux, mais qu'ils ont remarqué qu'ils étoient en habit de couleur autre que le noir, & qu'ils avoient leurs écharpes.

Que de là & après cette dernière introduction, qu'eux déclarans ont vu défiler devant eux; ils ont été conduits par leurs chefs dans le jardin des Tuileries, en traversant par la cour royale du château où ils étoient entrés par la petite porte, & où ils ont remarqué la garde du dedans les armes à terre, & qu'ils ont été placés dans le jardin, en face de la petite grille qui conduit aux cuisines & de là aux appartemens de la Reine & du Prince royal.

Que peu de temps après être restés là, des officiers du service du Prince royal ou de la Reine sont venus demander du secours; que M. Mussey, commandant, y a aussitôt porté son détachement, & qu'eux déclarans, sous ses ordres, ont fait la résistance nécessaire à l'entrée de la première salle dite des gardes, dans laquelle ils n'ont aperçu que trois ou quatre gardes & plusieurs fusils abandonnés; qu'ils ont d'abord réussi dans leurs premières oppositions, mais que l'ordre de laisser entrer étant donné, alors toute la multitude est entrée avec eux dans cette première salle & dans les suivantes.

Que le sieur Guffroy, l'un des déclarans, avoit alors rejoint le détachement dans le jardin, & étoit avec eux; mais qu'actuellement ils ne peuvent plus continuer leur déclaration commune, attendu qu'ils ont été placés & dispersés ça & là dans les appartemens, & ne peuvent plus déclarer que ce qu'ils ont vu & entendu individuellement à travers le tumulte, dont le scandale a été en général à son comble.

En conséquence le sieur Chauvreau, l'un des déclarans, a dit : *Qu'il a entendu un homme portant une hache, dire qu'il avoit déjà enfoncé plusieurs portes, & qu'il en enfonceroit encore d'autres pour avoir la Reine morte ou vive, & ce, en proférant contre elle des blasphêmes affreux.*

Les sieurs Cuvillier & Corps ont dit avoir entendu les mêmes propos de la part de cet homme portant hache.

Le sieur Chauvreau a continué, en déclarant que sur les six heures du soir ou environ, il a vu arriver la voiture du maire, précédée de deux cavaliers, dans la cour du château, mais qu'il n'a pas vu le maire.

Le sieur Balin a déclaré, qu'étant dans la salle du conseil, où étoit la Reine, ainsi que le Prince royal, entourés de gardes nationaux, il a entendu vers les sept heures du soir quelqu'un qui péroroit; que dans le même instant le sieur Santerre, commandant du bataillon des Enfans-trouvés, est entré dans cette salle, & a dit assez haut : *C'est M. Pétion qui pérore, & qui fait un engorgement. Faites place pour que le peuple entre & voye la Reine.*

Le sieur Guffroy a déclaré, qu'il avoit entendu ledit sieur Santerre dire aux grenadiers & gardes nationaux qui entouroient la Reine & le Prince royal dans la chambre du conseil, : *Faites place, faites place pour qu'on voye la Reine.*

Et le sieur Balin a ajouté, que pendant que le peuple défiloit devant la Reine, il a remarqué une femme qui, apercevant la Reine, s'est mise à pleurer; & qu'alors le sieur Santerre a pris & repoussé cette femme, en lui criant : *Pourquoi pleure-t-elle donc ? faites-la passer.*

Le sieur Cuvillier a déclaré qu'étant dans la chambre à coucher du Prince royal, il a remarqué une femme ivre qui touchoit au lit du Prince, & qu'il l'a fait retirer, en lui observant qu'elle le salissoit.

Et le sieur Corps a dit que s'apercevant que les gens à piques entrés, se portoient du côté des meubles, il les en a empêchés, en leur observant que puisqu'ils étoient venus pour voir la Reine, disoient-ils, & qu'ils l'avoient vue, ils devoient se retirer & ne point rester, ce qu'il a obtenu.

Lecture faite aux dits sieurs Cuvillier, Chauvreau, Corps, Balin & Guffroy de leurs présentes déclarations, ils en ont affirmé le contenu sincère & véritable sur notre réquisition, déclarant être prêts à les réitérer en justice, chacun pour ce qui le concerne; & ont lesdits sieurs déclarans signé avec nous ainsi que le bas des pages, excepté le sieur Guffroy, qui a dit ne vouloir signer, crainte de se compromettre; de ce enquis suivant la loi.

Signé CUVILLIER, CHAUVREAU, CORPS, BALLIN & FAYEL,

ET le mercredi vingt-sept juin audit an mil sept cent quatre-vingt-douze, sur environ les neuf heures du matin, devant nous juge de paix & officier de police susdit, & en notre demeure susdésignée;

Est comparu sieur François-Michel Legrand, citoyen actif de Paris, section de la Halle au blé, demeurant à Paris, rue Croix-des-petits-champs, n.° 31.

Lequel voulant éclairer la justice sur les évènemens arrivés au château des Tuileries le 20 juin présent mois, nous a déclaré que vers les sept heures du soir, ledit jour 20 juin, il a vu le sieur Petion, maire de Paris, revêtu de son écharpe, descendre les marches du vestibule de la porte du milieu du château dans la cour royale; que le sieur Petion avoit l'air fort ému & très-essoufflé; qu'il étoit supporté par deux grenadiers, & entouré d'une foule immense de gens portant toutes sortes d'armes; que lui déclarant étoit près du sieur Petion, à la distance d'environ dix pas, & qu'il l'a entendu dire très-haut, après avoir repris ses sens, & avoir fait cesser de la main les applaudissemens & les cris de *vive la nation* qu'on lui prodiguoit: « Le peuple a fait ce qu'il devoit faire; vous avez agi « en hommes libres; mais en voilà assez, que chacun se retire: » & qu'alors les applaudissemens & les cris de *vive Pétion* ont recommencé, & qu'il a disparu avec le même cortége.

Lecture faite audit sieur Legrand de sa déclaration, il en a affirmé le contenu sincère & véritable, sur notre réquisition, en déclarant qu'il étoit prêt à la réitérer en justice; & a ledit sieur Legrand signé avec nous. *Signé* LEGRAND & FAYEL.

ET le samedi trente juin audit an mil sept cent quatre-vingt-douze, dix heures de relevée:

Nous juge de paix & officier de police susdit & soussigné, attendu que les déclarations des autres parts paroissent porter plus particulièrement sur la conduite qu'ont tenue M. Pétion maire, & quelques officiers municipaux de la ville de Paris, dans la journée du mercredi vingt de ce mois, relativement à ce qui s'est passé ledit jour dans le château & aux portes d'entrée du château des Tuileries; que cependant il nous paroît constant que lesdits sieurs maire & officiers municipaux étoient ledit jour 20 de ce mois dans un état d'administration de police quelconque dans ledit château & aux portes d'entrées d'icelui; qu'au terme de l'article XIII du titre II de la loi concernant l'organisation judiciaire, du 24 août 1790, les juges ne peuvent, à peine de forfaiture, citer devant eux les administrateurs pour raison de leurs fonctions, & que suivant cette loi, il ne nous appartient pas de rien approfondir sur ce qu'ont fait lesdits sieurs maire & quelques officiers municipaux dans ladite journée du 20 de ce mois; que si les déclarations faites devant nous peuvent être considérées comme des dénonciations de la part des citoyens qui les ont faites & affirmées, l'article XXVI du titre V de la loi concernant la municipalité de Paris, du 27 juin 1790, s'oppose encore à ce que ces dénonciations, en tant qu'elles portent sur lesdits sieurs maire & officiers municipaux, soient portées dans les tribunaux, avant de les soumettre à l'administration ou au directoire du département. Disons que copie desdites déclarations seront envoyées au département de Paris, pour par lui agir conformément à la loi, contre qui & ainsi qu'il appartiendra.

FAIT en notre demeure susdite, lesdits jours & an que dessus. *Signé* FAYEL.

BIBLIOTHEQUE NATIONALE DE FRANCE
3 7531 04401002 4

www.ingramcontent.com/pod-product-compliance
Ingram Content Group UK Ltd.
Pitfield, Milton Keynes, MK11 3LW, UK
UKHW021058200726
13857UKWH00003B/993

9 782011 929419